U0717591

陈凯

——著

千川映月唱莲歌

叶嘉莹著述版本图录与提要

江苏人民出版社

图书在版编目（CIP）数据

千川映月唱莲歌：叶嘉莹著述版本图录与提要 / 陈
凯著 . -- 南京：江苏人民出版社，2023.3（2023.5 重印）
　ISBN 978-7-214-27838-8

　Ⅰ . ①千… Ⅱ . ①陈… Ⅲ . ①版本学—文集 Ⅳ .
① G256.2-53

中国国家版本馆 CIP 数据核字（2023）第 003361 号

书　　　名　千川映月唱莲歌：叶嘉莹著述版本图录与提要
著　　　者　陈　凯
责 任 编 辑　康海源
装 帧 设 计　刘　俊
责 任 监 制　王　娟
出 版 发 行　江苏人民出版社
地　　　址　南京市湖南路 1 号 A 楼，邮编：210009
照　　　排　南京私书坊文化传播有限公司
印　　　刷　江苏凤凰扬州鑫华印刷有限公司
开　　　本　890 毫米 ×1240 毫米　1/32
印　　　张　6.5
字　　　数　120 千字
版　　　次　2023 年 3 月第 1 版
印　　　次　2023 年 5 月第 2 次印刷
标 准 书 号　ISBN 978-7-214-27838-8
定　　　价　58.00 元

結縷何栽在南畝，為有荷花
與我來，修到鴛鴦湖畔住
此身從此永無飛、
陳毅先生吟罷

加陵

叶嘉莹先生序言

中国的古典诗歌，有一种最可宝贵的特质，那就是诗歌中多蕴涵有一种兴发感动的力量。我一生命运多舛，但从诗词里，我就能得到慰藉和力量，有了诗词，便有了一切。回顾我平生走过的道路，诗词研读并不仅是我追求的目标，更是支持我走过忧患的一种力量，我亲自体会到了古典诗歌里美好、高洁的世界。而现在的年轻人，他们进不去、找不到一扇走入诗歌世界的大门。我希望能把这一扇门打开，为读者搭建起走进诗词的门径。早年，我的老师顾随羡季先生是这样引领我的，我也要引领更多年轻人。这就是我一辈子不辞辛苦所要做的事情。

著书立说，文以载道。这些年来，出版社陆续把我研究、讲演、创作等文字结集出版，可以为那些不能听到我讲课的人提供诗词学习之重要参考。这些文字无一不和诗词有关。没有想到的是，积累下来，这些著作竟有百余版本之多。陈凯小友毕业于南开大学，曾听过我讲诗词，算是我的学生。他的专业虽不是文学，但是对古典诗词有浓厚之兴趣。近来，他将我的著作书影汇编成册，特别是做了许多版本提要和评介性文字，费了很大功夫。书里还收录相关书信等研析之文字，这些文章在发表前都曾送给我看过。我对于他用力之勤、用心之美，极为感动。

　　翻阅这本小书能对我的著作有基本之了解。但我希望的是，有更多人学习诗词、热爱诗词甚至吟诵诗词、创作诗词，让我们的诗词文化代有传承、发扬光大。乐为之序。

叶嘉莹

2022 年 7 月

目 录

附录

叶嘉莹著述版本图录与提要

《夏完淳》

　　本书是叶先生正式出版的第一本著作。出版单位为台湾幼狮出版社。该社隶属于台湾地区一个专管青年的文化活动团体"幼狮"，该团体还创办了同名刊物。这一团体的负责人包遵彭乃叶先生丈夫的姐夫。叶先生到台湾后，应包遵彭之邀，偶在《幼狮》杂志上发表诗词赏析短文，有文字之缘。《夏完淳》一书共四章，分别介绍了夏完淳的生平、家庭和师友、所经历之时代与作品中表现的人格。夏完淳是江南名士夏允彝之子，抗清名将、词坛领袖陈子龙之徒，十四岁从军征战抗清，十七岁兵败殉国。他自幼聪慧，"五岁知五经，七岁能诗文"，属云间词人。此书存世极少，号称叶先生著作海内第一孤本（叶先生书房尚存有一册）。

《夏完淳》
台湾幼狮出版社1954年初版（平装）

《杜甫秋兴八首集说》

　　《杜甫秋兴八首集说》（以下简称《集说》）1966年在我国台湾地区的中华丛书编审委员会出版印行。今年是 2023 年，距台湾地区首次出版此书已近乎甲子，历经岁月沉淀，《集说》始终在杜诗学研究中占有独特的地位，更显经典永流传的力量。《集说》是叶嘉莹先生20 世纪 60 年代在台湾地区多所大学讲授杜甫诗课程时撰写的一部著作。叶先生遍访岛内各主要图书馆，辑录得自宋迄清的 35 家杜诗注本，49 种不同版本，以时代为序整理了关于杜甫《秋兴八首》七律组诗的点评考释解说，并融入了自己的体悟，以按语形式附后，形成一部研究杜甫《秋兴八首》的专著。1981 年 4 月，叶嘉莹先生应邀赴四川成都杜甫草堂参加杜甫学会首次年会，与会同仁便建议叶嘉莹先生将大陆所流传的历代杜诗注本一并收入，加以整理，以求完备。后经多方努力，历时近 4 年，叶先生搜集了当时台湾地区所未见的杜诗注本 18 种，重新整理增编了《集说》。历经 3 年整理编校，1988 年 2月，上海古籍出版社正式出版了该书的增订版。《集说》增订版共收杜诗注本 53 家，版本 70 种。笔者仅就知见《集说》不同之版本，略述该书出版之渊源。

1.1966 年 4 月，由台湾地区的中华丛书编审委员会出版印行，作为中华丛书的一种。全书辑录 35 家杜诗注本，49 种不同版本，20 余万字，分为代序、凡例、引用书目、编年、解题、章法及大旨、分章集解等章节，以后出版基本沿用此体例。该书版权页标明了著作者、出版者、发行者、经销处、香港经销处等信息，繁体竖排，平装本，定价新台币 40 元。该本可称为《集说》的祖本。1978 年 12 月，《集说》再版，该书繁体竖排，此次制作了精装本、平装本两个版本，分别定价。该精装本为《集说》的第一个精装本。

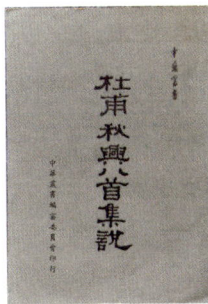

《杜甫秋兴八首集说》
中华丛书编审委员会 1966 年 4 月初版（平装）

《杜甫秋兴八首集说》
"国立编译馆"中华丛书编审委员会 1978 年 12 月再版（精装）

2. 1988 年 2 月，上海古籍出版社出版了《集说》的增订版。该版增加了叶先生在大陆所见的 18 个杜诗注本，全书共收杜诗注本 53 家，版本 70 种，字数从 20 余万字增加到近 40 万字，繁体竖排。精装本一印 1500 册，平装本一印 3500 册。全书后增加了 1985 年 3 月 16 日叶先生写毕于温哥华的《〈杜甫秋兴八首集说〉增辑再版后记》，对《集说》写作初衷、出版后海内外反响以及增辑再版有关情况作了扼要说明。此本为后续出版的定本。

3. 1994 年 9 月，台湾桂冠图书公司出版。1990—1991 年叶先生曾回台担任客座教授一年，经台大吴宏一教授介绍，叶先生认识了桂冠图书公司的创始人赖阿胜先生，赖先生陆续出版了叶先生在大陆出版而尚未在台湾出版的 6 部作品，《集说》即为其中一部。该书为平装本，繁体竖排。该书在后记中保留了"并藉此向鼓励我增辑此书的友人，和热心促成我出版的上海古籍出版社致诚恳的感谢之意"。此后，其他出版社再版，均将此句感谢之语隐去。2000 年，台湾桂冠图书公司为叶先生刊印了《叶嘉莹作品集》。《集说》为作品集第三辑《诗词专著》之一种，繁体竖排平装本。

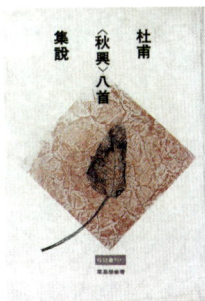

《杜甫秋兴八首集说》

桂冠出版公司 1994 年 9 月初版（平装）

4. 1997 年 7 月，河北教育出版社为叶先生出版了《迦陵文集》10 卷本。该套文集有精装、平装两个版本。精装本版权页书名为《迦陵文集》（1—10 卷），《集说》为文集第 1 卷，印数不详。平装本版权页书名即为《杜甫秋兴八首集说》，首印 5000 册。这套文集也是叶先生亲自审定的第一套著作集。此版《集说》为该书第一个简体横排本。2000 年 12 月，河北教育出版社再版《迦陵文集》，并将丛书名称更为《迦陵著作集》。《集说》为该丛书一种，平装本，简体横排。

《杜甫秋兴八首集说》
河北教育出版社 1997 年 7 月初版（平装）

《杜甫秋兴八首集说》
河北教育出版社 2000 年 12 月二版（平装）

5. 2008 年 4 月，北京大学出版社为叶先生出版《迦陵著作集》。《集说》为《迦陵著作集》之一种。该本为平装本，简体横排。2014 年 10 月，北京大学出版社再版了叶先生《迦陵著作集》，并精心设计了函套精装本。此版《集说》设计典雅、装帧精美。

《杜甫秋兴八首集说》
北京大学出版社 2008 年 4 月初版（平装）

《杜甫秋兴八首集说》
北京大学出版社 2014 年 10 月再版（精装）

6. 2012 年 12 月，台湾地区的大块文化出版公司为叶
先生出版了《叶嘉莹作品集》，《集说》为其中一种，
该版为平装本，繁体竖排。

《杜甫秋兴八首集说》
大块文化出版公司 2012 年 12 月初版（平装）

《集说》出版 55 年来，广受读者喜爱。上述共计 6
家出版社出版了 10 个版本，精平装共 13 种。对于一本
纯学术著作而言，足见其经久不衰的魅力，可称为经典
中的经典。在《集说》旧版代序与再版后记中，叶先生
均述及写作动机。上世纪 60 年代，正值台湾现代诗风行
之际，一般读者对"以句法之颠倒错综及意象之晦涩新
异为美"的诗歌作品颇有异议。而恰在此时讲授杜甫诗
的叶嘉莹，注意到杜甫《秋兴八首》之中突破传统与超
越现实的特色与现代诗风颇为相近。于是撰文，希望通
过对《秋兴八首》的深入解说，能使反对现代诗的人，
体会到现代诗"反传统""意象化"的风格并非完全荒
谬无本；使耽溺于晦涩而自鸣现代化的人，可以一窥传
统之深奥，从传统中汲取创作的原理与原则。

　　阅读《集说》可以深入了解叶先生扎实的治学态度
和治学方法。据叶先生回忆，当时的台湾各图书馆中没
有复印机，而搜辑的杜诗评注又多被图书馆列为善本书
籍，不能外借。所以，叶先生只能利用周末及寒暑假日，
挤乘公共汽车到各图书馆去查阅和抄录资料。除了抄录，
还要将这数十种书的资料重新排比整理，并分别加以评
说，然后再缮为清稿，其间所花费的时间、精力都是不
可计数的，这些看似芜杂的工作也更显示了叶先生平素
基本的修养与用功所在。这与我们今天依托信息检索和
计算机操作来编撰完全不能同日而语，而恰恰就是这样
基础的研究工作更能体现学者的研判与思考。当然，这
么说并非排斥科学技术在学术研究中的运用，而是在技

术便利条件下，更不能忽视对相关资料之审慎甄别使用。

《集说》注重采用中西结合的诗学研究理念，为我们全面欣赏《秋兴八首》和了解杜甫提供了历史回顾和全面视角。中国传统诗论注重"知人论世""文以载道"，在评论诗歌时，常常将作品的文艺价值、审美价值依附于道德价值和时代价值之上，品评作品必不可少要和作者的生平经历以及道德立场等结合起来，这也是传统文化中力求达到礼义教化的目的。杜甫一向被称为中国最伟大的诗人，而传统评论杜甫之伟大常常在于其对国家君主的忠诚和对劳苦大众的同情。而《集说》在充分肯定杜甫人格立场的基础上，也运用了西方文论对诗歌本身进行了深刻的解读。西方现代文学批评理论中，对于诗歌较为重视的有两点，一是意象，能让人有一种真切可感的意象是诗成为一首好诗的根本；二是架构，通过遣词造句、谋篇布局而呈现出综合的美感。这二者也是古今中外所有文学作品共通的。《秋兴八首》的内容意象和文字技巧可谓臻于化境，精醇独到，从中我们看到了杜甫对诗歌语言的驾驭雕琢和创新创造，其对句法的突破，摆脱了格律的束缚，而使格律成为诗人表达的一种有力工具，并形成了意象化之感情。

杜甫是一位感性与知性兼长并美的诗人，面对时代的离乱悲苦，他以致君尧舜的担荷和大庇天下的悲悯，写下了富有感发生命的文字，杜甫的学养、性情、襟怀等能感之的特质，通过语言、文字、结构、意象等能写之的要素而完整结合起来，使得能感之的情感性格和能

写之的纯熟技法有机统一，杜甫的诗歌作品便获得了不
朽的生命。我们阅读杜甫，仿佛能透过文字、跨越千年
感受到他的忠爱仁厚。这深厚博大的情感所具有的生命
力，不只在于后之览者能感于斯文，更在于这样的情感
能感染传承给更多人，在新的世情时代中获得新生，诗
文中的生命便在新的诗文中涅槃重生。就像我们读叶先
生所写的"每依北斗望京华""难忘诗骚李杜魂"，总
能感受到其中所构筑起的中华文人共同的精神家园和情
感归宿。

附表

　　研读《集说》时，笔者将叶先生所引用之杜诗注本略作整
理。先生在凡例中写明："集说次第，以时代先后为序，其年
代不可确考者，列之最后。"受制于当时条件，先生对部分杜
诗难以收集搜证更多的版本信息，但结合近年古籍整理之成果，
特别是《中国古籍总目　集部》（中华书局、上海古籍出版社
2012 年版）、《中国历代人名大辞典》（上海古籍出版社 1999
年版），可对叶先生所知见引用的书目版本信息予以完善。

序号	题名	篇卷	责任者	《集说》之简称	备注
1	杜工部集	二十卷、补遗一卷，十六册	〔宋〕王洙编	王本	
2	九家集注杜诗	卅六卷十八册	〔宋〕郭知达编	九家	

序号	题名	篇卷	责任者	《集说》之简称	备注
3	分门集注杜工部诗	廿五卷十册	〔宋〕宋人编	分门	
4	集千家注分类杜工部诗	廿五卷廿四册	〔宋〕徐居仁编次、黄鹤补注	鹤注	
5	杜工部草堂诗笺	四十卷、外集一卷十二册、补遗十卷三册	〔宋〕鲁訔编次、蔡梦弼会笺	蔡笺	
6	集千家注杜工部诗		〔宋〕高楚芳编附刘辰翁评点	千家	
7	杜律演义		〔宋〕张性撰	演义	
8	范德机批选杜工部诗	六卷二册	〔宋〕郑萧编、范椁批点	范批	
9	读杜诗愚得	十八卷十册	〔明〕单复撰	愚得	
10	杜律颇解	四卷附李律颇解一卷四册	〔明〕王维桢撰	颇解	
11	杜工部诗通	十六卷附杜律本义四卷共十二册	〔明〕张綖撰	诗通〔附本义〕	
12	杜律集解	六卷六册	〔明〕邵傅撰	邵解	
13	杜少陵先生诗分类集注	廿三卷廿四册	〔明〕邵宝集注	邵注	
14	杜律意笺	二卷二册	〔明〕颜廷榘撰	意笺〔附朱批〕	
15	杜工部全集	六十六卷八册	〔明〕刘世教编	刘本	
16	杜诗通	四十卷七册	〔明〕胡震亨撰	胡注〔附奚批〕	

序号	题名	篇卷	责任者	《集说》之简称	备注
17	杜诗胥钞	十四卷、摘录一卷共四册	〔明〕卢世㴶辑	胥钞	新版增入
18	杜臆	十卷五册附管天笔记外编一册	〔明〕王嗣奭撰	杜臆	
19	杜诗评律	不分卷四册	〔清〕洪舫撰	洪评	新版增入
20	杜诗擔	四卷二册	〔清〕唐元竑撰	诗擔	
21	批点杜工部七言律	一卷二册	〔清〕郭正域撰	郭批	
22	杜诗钱注		〔清〕钱谦益笺注	钱注	
23	杜律注解	四卷二册	〔清〕张笃行撰	张解	新版增入
24	唱经堂杜诗解	（四卷）	〔清〕金圣叹撰	金解	
25	辟疆园杜诗注解	十七卷七册	〔清〕顾宸撰	顾注	新版增入
26	杜工部集	二十卷十册	〔清〕朱鹤龄注	朱注	新版增入
27	杜诗论文	五十六卷四册	〔清〕吴见思撰	论文	
28	纂注杜诗泽风堂批解	廿六卷十四册	〔清〕李植批解	泽解	
29	杜诗阐	三十卷十九册	〔清〕卢元昌撰	诗阐	
30	杜诗会粹	二十四卷二十册	〔清〕张远撰	会粹	
31	杜诗详注	（二十五卷四册）	〔清〕仇兆鳌注	仇注	
32	杜诗说	十二卷四册	〔清〕黄生编	黄说	

序号	题名	篇卷	责任者	《集说》之简称	备注
33	读书堂杜工部诗集注解	诗集二十卷、文集二卷共十二册	〔清〕张溍撰	潘解	
34	杜诗言志	十六卷八册	〔清〕佚名撰	言志	新版增入
35	杜律通解	四卷六册	〔清〕李文炜笺注	通解	新版增入
36	杜诗提要	十四卷八册	〔清〕吴瞻泰评选	提要	
37	读杜心解	六卷二函十二册	〔清〕浦起龙撰	心解	
38	杜工部诗直解	五卷三册	〔清〕范廷谋注释	范解	新版增入
39	杜诗偶评		〔清〕沈德潜撰	偶评	新版增入
40	杜诗直解	六卷三册	〔清〕沈寅朱昆补辑	沈解	新版增入
41	杜诗集说		〔清〕江孟亭辑	江说	新版增入
42	杜工部诗集	二十卷六册	〔清〕郑沄编	郑本	
43	翁方纲手批钞本杜诗	不分卷十二册	〔清〕翁方纲批	翁批	
44	杜诗镜铨诗集	二十卷附读书堂张溍注文集二卷三册	〔清〕杨伦撰	镜铨	
45	杜诗注释	二十四卷十二册	〔清〕许宝善撰	许注	新版增入
46	杜诗集评	十五卷八册	〔清〕刘浚辑	集评	新版增入
47	杜诗选读	六卷二册	〔清〕何化南、朱煜同编	选读	新版增入

序号	题名	篇卷	责任者	《集说》之简称	备注
48	五家评本杜工部集	二十卷八册	〔清〕卢坤集评	五家	新版增入
49	岁寒堂读杜	二十卷三册	〔清〕沈辇云辑	沈读	新版增入
50	读杜诗说	廿四卷一册	〔清〕施鸿保撰	施说	
51	杜诗笺	十卷十二册	〔清〕汤启祚撰	汤笺	
52	杜律启蒙	十二卷四册	〔清〕边连宝撰	启蒙	新版增入
53	少陵诗钞	不分卷二册	〔清〕吴士鉴撰	诗钞	新版增入

注：表格中"（ ）"内的文字，为据所引之版本信息增补。

结合先生凡例所述之各家书目排序规则，基本以成书年代为序。

1.《杜工部草堂诗笺》〔蔡笺〕（排序5），该书成书与刻书年代均早于《集千家注分类杜工部诗》〔鹤注〕（排序4），据《集部》集1-900、905条目（按《总目》凡例），〔蔡笺〕现存宋刻本，〔鹤注〕最早版本为元刻本，且〔鹤注〕中也引用了〔蔡笺〕部分内容。故引用顺序，〔蔡笺〕应早于〔鹤注〕。

2.《范德机批选杜工部诗》〔范批〕（排序8），据《集部》集1-1010条目，书名应为《杜工部诗范德机批选》，现存元刻本，藏台图。范德机（范梈）生卒年月为1272—1330。《杜律演义》〔演义〕（排序7）现存明刻本，而作者张性元顺帝至正十年(1350)年方领乡荐，可知该书成书及刊刻年代均晚于〔范批〕。故引用顺序，〔范批〕应早于〔演义〕。

3.《杜诗评律》〔洪评〕（排序19），该书作者为清代洪舫，现存应为康熙年间刻本，故该书排序应在《批点杜工部七言律》（排序21）之后。

4.《五家评本杜工部集》〔五家〕（排序48），根据版本著录信息，作者为清卢坤，应略作补充。

5.《杜诗笺》〔汤笺〕（排序51），在《中国古籍总目》中并未找到《杜诗笺》的相关版本信息。但据《疑年录汇编》卷九记载，汤启祚生于明崇祯八年（1635），卒于清康熙四十九年（1710），年七十六，相关介绍皆指出汤为清初人士，按例排序应在目前《杜诗言志》（排序34）之后。

6.《杜律启蒙》〔启蒙〕（排序52），据《集部》集1-1055条目，该书初刻本为乾隆四十二年（1777）刻本，国图、北大等多有收藏。按序应排在《杜诗直解》（排序40）之后。

以上，对部分引用书目的版本信息和编校之中的细微疏漏略加整理，希望本书今后再版修订中能对相关内容详加审校，力臻完备。

《迦陵诗词稿》版本概览

　　先生向来不以词人自居，但先生之诗词律细辞工、兴怀感发，以旧体诗词记录了坎坷漂泊的人生际遇，读来都有一种生生而不能自已之情感涌动。先生本无意将诗词整理出版，但友朋弟子极为珍视先生诗词中兴发感动之生命教育，故多年来，海内外有多个迦陵诗词稿版本问世。《中国诗歌研究》第十辑（社会科学文献出版社2014年版）收录了张静教授《〈迦陵诗词稿〉版本概要》一文，对2012年及以前的诸版本进行了梳理。

　　张文介绍先生诗词稿版本12种，如下：《迦陵诗稿/迦陵词稿》（赵钟荪油印本）、《迦陵初稿》（陈国安铅字本）、《迦陵存稿》（台湾商务印书馆1969年版）、《迦陵诗词稿》（施淑1983年自印本）、《迦陵存稿》（施淑1990年自印本）、《迦陵诗词稿》（河北教育出版社2000年版）、《迦陵诗词稿》（桂冠出版公司2000年版）、《迦陵诗词稿》（中华书局2007年版）、《独陪明月看荷花——叶嘉莹诗词选译》（加拿大温哥华中侨互助会2007年）、《迦陵诗词稿（增订版）》（中华书局2008年版）、《叶嘉莹诗文选集》（中国文联出版社2010年版）、《迦陵诗词曲联选集》（线装书局2012年版）。张文虽题为版

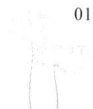

本概要，然内容考证翔实、校勘精微，对出版之因缘、版本之特点、选目之考量、校勘之得失等都做了充分论述，实乃了解先生诗词稿版本源流不可多得之佳作。张静教授雄文珠玉在前，本不欲再续以瓦当。然张文之后，先生又有多种诗词版本问世，兹略述一二，以求接续脉络、抛砖引玉。

《迦陵存稿》
台湾商务印书馆 1982 年 12 月二版（1969 年 12 月初版）（平装）

《迦陵诗词稿》
淡江大学施淑教授编印 1983 年初版（平装）

《迦陵诗词稿》
河北教育出版社 2000 年 1 月初版（平装）

《迦陵诗词稿》

桂冠出版公司 2000 年 2 月初版（平装）

（此版《叶嘉莹作品集》共 18 种，24 册）

《迦陵诗词稿》

中华书局 2007 年 2 月初版（平装）

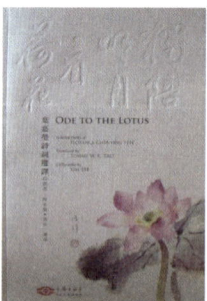

《独陪明月看荷花》

加拿大中侨互助会 2007 年 8 月初版（精装）

《叶嘉莹诗文选集》

中国文联出版社 2010 年 8 月初版（精装）

《迦陵诗词曲联选集》
线装书局 2012 年 4 月初版（线装）

1.《迦陵诗词稿》，大块文化出版公司 2013 年出版。
本书为《叶嘉莹作品集》之一种，分初集之诗稿、词稿、曲稿、
套数，二集之诗稿、词稿，附应酬文字、迦陵存稿原序及
跋文、迦陵年表，这一排版编次与河北教育 1997 年本、
桂冠出版 2000 年本基本相同，惟增补先生近年之新作。

《迦陵诗词稿》
大块文化出版公司 2013 年 12 月初版（平装）

2.《迦陵词稿注》，华东师范大学出版社 2014 年出版。
词稿由叶先生学生程滨（号矫庵）作注，平装本，繁体竖排。
全书以时间为序，分初集、二集，初集注词 45 首，起自
1940 年所作的《如梦令》（山似眉峰愁聚），二集注词
57 首，止于 2013 年所作的《金缕曲·为二○一三年西府

海棠雅集作》。书前有先生学生钟锦序和注者自序。序言："诗人之遣词造语，有有意为之者，有无意流露者，有与古暗合者。余于先生之词稿，三者皆注。"作者求学先生座前，积数年之功对词中人物、典故等详加注释，使读者得以领会先生之词心。

《迦陵词稿注》
华东师范大学出版社 2014 年 4 月初版（平装）

3.《迦陵诗词稿》，中华书局 2014 年出版。本书虽是宣纸印刷、包背线装，然该本采用机器排版，非传统雕版，略显美中不足。书分诗稿、词稿两部分，诗稿选诗 33 首，词稿选词 6 首，书前有先生文章《学词自述》代序。

《迦陵诗词稿》
中华书局 2014 年 5 月初版（线装）

4.《迦陵诗词曲选》，作家出版社 2015 年出版。该书封面注有"《诗刊》第二届子曰诗人奖"。据了解，2014 年《诗刊》社在北京举办了首届"子曰"诗人奖颁奖典礼，首获殊荣的是吴小如先生，叶先生为第二届获奖人。作家出版社作为《诗刊》杂志的主办单位，为获奖人出版了相关之诗词著作。该书为仿线装竖版排印，选叶先生诗词曲若干，装帧印制颇为简素。书无序跋文字。

《迦陵诗词曲选》
作家出版社 2015 年 3 月初版（平装）

5.《独陪明月看荷花——叶嘉莹诗词选译》，外语教学与研究出版社 2017 年出版。《独陪明月看荷花》最早为 2007 年加拿大中侨互助会出版。此书可谓三绝，有先生诗词之美、陶永强译文之雅、谢琰先生书法之精。外研社再版此书，装帧风格颇类初版，新增 11 首诗词、译文和书法，刘波专为本书作荷花之画以用于封面设计。叶先生撰文《〈独陪明月看荷花〉解题》，略述梦中得句和摘取李商隐诗成一绝句之由来，聊以代序。

《独陪明月看荷花》
外语教学与研究出版社 2017 年 6 月初版（精装）

6.《祖国行长歌》《迦陵论词绝句五十首》，二十一世纪出版社 2017 年出版。北京大学程郁缀先生与叶嘉莹先生素有交谊，经程先生介绍，周东芬女士用欧楷录《迦陵论词绝句五十首》，用行书录《祖国行长歌》，书法与诗文诚可谓珠联璧合、相得益彰。尤为难得的是袁行霈先生为两本书亲笔题签，二位前辈自叶先生回国讲学伊始便已相识，其时程先生恰是青年教师陪同左右，这一题签背后又承载着如此一段翰墨因缘。

《祖国行长歌》
二十一世纪出版社 2017 年 7 月初版（经折装）

《迦陵论词绝句五十首》
二十一世纪出版社 2017 年 5 月初版（平装）

7.《叶嘉莹诗钞》，中华书局 2018 年出版。本书使用传统雕版工艺刻制印装，半叶七行十五字，白口，左右双边，单鱼尾。鱼尾下题"叶嘉莹诗钞"和叶码，有红印本、蓝印本、墨印本，乃文津雕版博物馆木刻诗词丛刊之一种。该版本选诗 12 首，词 5 首，曲 1 首。开本宏阔，字体精美，有宋椠遗风。

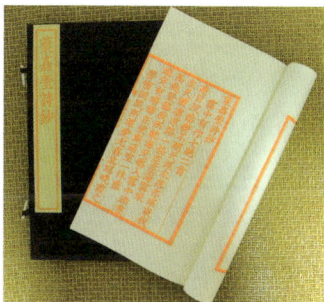

《叶嘉莹诗钞》
中华书局 2018 年 7 月初版（墨印、红印、蓝印，函套线装）

8.《迦陵诗词稿（增订版）》，中华书局 2019 年出版。该书为中华书局 2008 年版之增订版，版权页著录为第二版，实为第三版。该书封面重新设计，内文增加了近年叶先生新作，更新了迦陵年表，并为附录之应酬文字编排了目录。此本实为目前叶先生诗词创作最权威之版本。

《迦陵诗词稿（增订版）》

中华书局 2019 年 12 月二版（平装）

9.《叶嘉莹诗文选集》，中国书籍出版社 2020 年出版。此为中国文联出版社 2010 年版之增订版。选集仍分为诗词编年选、诗词论文选、散曲骈语选三部分。增订版较明显之调整有四处，一是增选先生近十年之诗词散曲骈语新作，二是将张文中所指出的有关编校错误予以修订，如叶先生之介绍等文字都已更正，三是删去书前叶嘉莹各时期之照片，四是书后附编者之编后记和补记。该书诗词选目略少于《迦陵诗词稿》（中华书局 2019 年版），唯增补两首赠友人沈秉和先生之新诗。

《叶嘉莹诗文选集（乙亥增订版）》

中国书籍出版社 2020 年 7 月初版（精装）

10.《驼庵迦陵师生唱酬集》，广陵书社 2020 年出版。本书使用传统雕版工艺印制，经折装，半叶十行十八字，白口，左右双边，单鱼尾。鱼尾下题"师生唱酬集"和叶码，有红印本、蓝印本、墨印本。该书收入诗词作品共计 43 首，其中顾随诗 21 首、词 2 首，叶嘉莹诗 16 首、词 4 首。全书诗作之选目以七律为主，兼有七绝和五言古体；词作有《踏莎行》4 首，《临江仙》《贺新郎》各 1 首。除一首创作于 1957 年外，其余全部作于 1941—1948 年，反映了顾、叶师生在纷乱岁月中的特殊人生感遇，兼具文学特质和史料价值。

《驼庵迦陵师生唱酬集》
广陵书社 2020 年 9 月初版（墨印、红印、蓝印，函套经折装）

11.《迦陵词萃 迦陵曲选》，广陵书社 2021 年出版。本书使用传统雕版工艺印制，包背装，分《迦陵词萃》（上、下）、《迦陵曲选》，共 3 册。《词萃》半页十行每行十八字，《曲选》半页六行每行十六字，白口，左右双边，单鱼尾，有红印本、蓝印本、墨印本。先生亲自选目，《迦陵词萃》《迦陵曲选》可谓叶先生词曲创作之代表，可与《驼庵迦陵师生唱酬集》并美。此书"可入词林"。

《迦陵词萃 迦陵曲选》（全3册）
广陵书社 2021 年 5 月初版（墨印、红印、蓝印，函套线装）

叶先生曾引用王国维的一句话：天以百凶成就一词人。叶先生幼承庭训，少时便有意于创作，岁月静好之景不长，便遭遇家国蒙难、颠沛流离，其诗词伤时感事、写物抒情、称心而言、不假雕饰。史树青先生称其作"要眇馨逸，情词深邈。而亦兼有清壮矫健、气骨坚苍之作"。缪钺先生谓"独能发英气于灵襟，具异量之双美"。诗词给予了叶先生面对苦难的深沉力量，而叶先生又把生生不息的感发之情注入到自己的诗词中。"莲实有心应不死，人生易老梦偏痴。"叶先生这朵望日莲所期待的"千春犹待发华滋"，就是希望年轻人能在诗词中汲取到感发不已的生命力量。

《迦陵谈诗》《迦陵论诗丛稿》

《迦陵谈诗》是叶先生第一部关于中国古典诗歌评论的文集。其收录的文章，既有通识性的诗史介绍，如《中国诗体之演进》，也有抒发个人心得感受的随笔作品，如《从李义山〈嫦娥诗〉谈起》，但更主要的还是对诗歌之理论探讨分析之学术性论文，如《钟嵘〈诗品〉评诗之理论标准及其实践》等。缪钺先生曾评价指出叶先生的诗歌评论独创精微、自成体系。

1970年，叶先生在三民书局出版了《迦陵谈诗（一、二）》，共两册，作为三民文库之一种。每册收录先生文章六篇。初版二版均有精装、平装本，该书多次再版。据了解，叶先生为支持三民书局负责人刘振强之出版业务，此书和三民书局签订的乃是永久之版权合同。其后，三民书局将此两册合并为《迦陵谈诗》。后来，叶先生又陆续写出了多篇论诗之研究文章，在东大出版中心、三民书局（1985年2月）出版了《迦陵谈诗二集》。《二集》收录先生文章五篇，并后序一篇。三民书局在《三民丛刊》《叶嘉莹作品》中多次再版此两本书。近来，三联书店、人民文学出版社出版的《迦陵谈诗》《迦陵谈诗二集》均为三民书局授权发行。

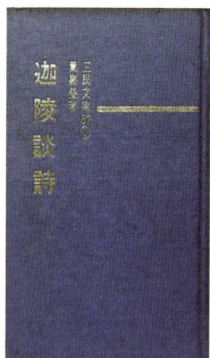

《迦陵谈诗（一）》

三民书局 1970 年 4 月初版（精装）

三民书局 1971 年 2 月再版（精装）

《迦陵谈诗（二）》

三民书局 1971 年 2 月再版（1970 年 4 月初版）（精装）

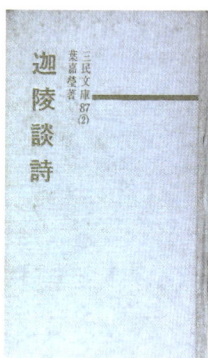

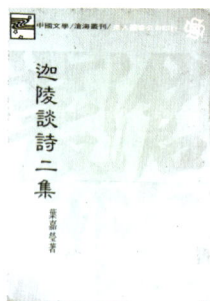

《迦陵谈诗二集》

东大图书公司 1985 年 2 月初版（平装／精装）

《迦陵谈诗》

三民书局 2019 年 1 月四版（平装）

　　1979 年后，先生归国讲学，在国内声誉日隆，并陆续在大陆出版了相关作品。其中，应中华书局之约，先生遴选论诗诸篇结集为 1984 版《迦陵论诗丛稿》。该书共有文稿十四篇，叶先生后序一篇。除收录了《迦陵谈诗》全部文稿、《迦陵谈诗二集》部分文稿外，另有《李义山〈海上谣〉与桂林山水及当日政局》一篇文稿，及缪钺先生题记一篇。缪钺先生为此书作了题签。2005 年、2007 年，中华书局先后将该书纳入"中华学术精品"和"中国文库"丛书再版。此后，河北教育、桂冠、北京大学、大块文化等出版单位均将《迦陵论诗丛稿》收录于先生作品集中，并以中华书局 1984 版为底本在篇目上略作调整。缪钺先生谓诸文"皆有可以互相参证之处"，"是以自成体系"。叶先生也以为该书"主真，主诚，自有一贯之特色"。

《迦陵论诗丛稿》

桂冠图书公司 2000 年 2 月初版（平装）

《迦陵论诗丛稿》

河北教育出版社 2000 年 12 月二版（平装）

《迦陵论诗丛稿》

中华书局 2005 年 1 月初版（精装）

《迦陵论诗丛稿》

中华书局 2007 年 9 月初版（平装）

　　诚如叶嘉莹所说，关于自己的早期作品（包括《迦陵谈词》），其评赏的态度和方式，大致有一个演进的趋势，即由主观到客观，由感性到理性，由为己到为人，由作品评赏到理论探讨。叶嘉莹曾总结其诗词评赏的特色："乃是以感性为主，而结合了三种不同的知性的倾向：一是传记的，对于作者的认知；二是史观的，对于文学史的认知；三是现代的，对于西方现代理论的认知。"该书乃先生早年诗学研究之阶段性代表著作。

《迦陵谈词》《迦陵论词丛稿》

　　《迦陵谈词》是 1970 年台湾纯文学出版社为叶先生
出版的一本论词著作。本书共收录六篇论词之文稿。文
稿中最早一篇为 1957 年在台湾《教育与文化》所发表的
《说静安词〈浣溪沙〉一首》，收录最晚一篇为 1969 年
《纯文学》杂志发表的《从〈人间词话〉看温韦冯李四
家词的风格》。图书出版时，叶先生已经离开台湾地区
到加拿大教书。该书出版短短六年时间，就重印七版之多，
足见其影响。1977 年，台湾新文出版社照排纯文学版再
版该书（该版本是否为盗版，未及向叶先生请教）。

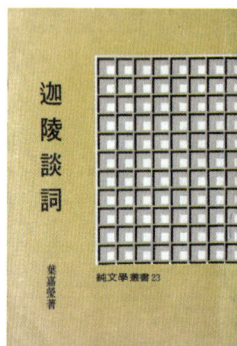

《迦陵谈词》
纯文学出版社 1976 年 5 月七版（1970 年 1 月初版）
（平装）

叶先生回国授课后，先生的学术研究日益受到关注。因此，在大陆出版相关之著作便被国内出版社提上日程。在南京师范大学金启华教授的协助下，1980 年，上海古籍出版社集叶先生在加拿大所写的关于人间词与常州词派的文稿与《迦陵谈词》书中旧稿，合为《迦陵论词丛稿》一书出版，全书收入文稿十篇，另附叶先生后序一篇。此书为叶先生在大陆出版的第一本著作。此后，台湾明伦出版社、明文书局竟在台盗印该书。两岸开放往来后，盗版者停止出版，叶先生早期出版的谈词著作在台湾遂不复得见。1996 年，叶先生应台湾信宜基金会之邀赴台讲演，适时《清词选讲》一书将交由三民书局出版。三民书局刘振强先生遂提出再版《迦陵谈词》之诉求。《迦陵谈词》内容与早年纯文学版选目相同，同时，叶先生为该书出版撰写序言一篇。自此，此书多次在三民书局再版，并授权三联书店在大陆发行简体版。

《迦陵谈词》
三民书局 1997 年 2 月初版（平装）

《迦陵谈词》
三联书店 2015 年 11 月初版（精装）

《迦陵谈词》
三民书局 2019 年 1 月三版（平装）

　　《迦陵论词丛稿》一书则先后列入桂冠出版公司、河北教育出版社、北京大学出版社出版的叶嘉莹作品集中。且每版之篇目选择根据文集相关书目之情况略作调整，不尽相同。北京大学出版社 2014 年版为该书最新选本，将上古版《迦陵论词丛稿》一书之后序命名为《古典诗歌兴发感动之作用》作为代序，共收录文稿七篇，将上古版中部分关于王国维、清词方面的文稿移出，增入《论陈子龙词》一文。此书中关于温、韦、冯、李、王沂孙等词人的论述，在《唐宋词名家论稿》中均有涉猎，而详略不同。为了解叶先生对名家词之全部论见，实应该将《迦陵论词丛稿》《唐宋名家词论稿》等书合并来看。

叶先生学术成就主要在于中国词学理论的探究，于此可见端倪。

《迦陵论词丛稿》
上海古籍出版社 1980 年 11 月初版（平装）

《迦陵论词丛稿》
桂冠图书公司 2000 年 2 月初版（平装）

《迦陵论词丛稿》
河北教育出版社 2000 年 12 月二版（平装）

《迦陵论词丛稿》
北京大学出版社 2014 年 10 月再版（精装）

《迦陵论词丛稿》
明伦出版社 80 年代盗版

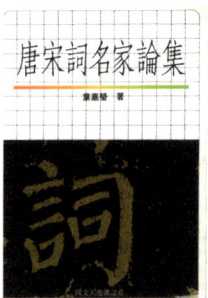

《唐宋词名家论集》
国文天地出版社 1987 年初版（平装）

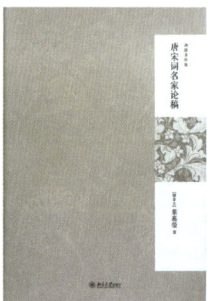

《唐宋词名家论稿》
北京大学出版社 2014 年 10 月再版（精装）

《中国古典诗歌评论集》

该书最早为香港中华书局 1977 年版，后广东人民出版社按原书版样照排再版。此书另有台湾源流出版社、台湾纯真出版社之盗版版本。该书收先生诗词评论文章六篇，诗与词文章各占一半，内容包括对钟嵘《诗品》、元遗山论诗绝句、李商隐诗歌、常州词派、《人间词话》境界说等古典诗词相关领域的文学批评。本书是叶先生早年诗词批评一部阶段性的总结之作。

《中国古典诗歌评论集》
香港中华书局 1977 年 9 月初版（平装）

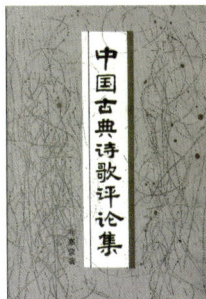

《中国古典诗歌评论集》
广东人民出版社 1982 年 5 月初版（平装）

《中国古典诗歌评论集》

源流出版社 1983 年初版（平装盗版）

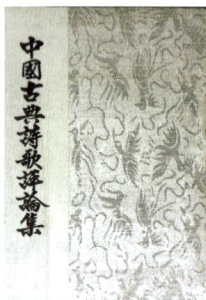

《中国古典诗歌评论集》

纯真出版社 1983 年 4 月初版（平装）

《王国维及其文学批评》

　　窃以为《王国维及其文学批评》乃先生最重要之文学批评著作。20世纪70年代，叶嘉莹先生已在加拿大任教，但每年暑假都前往哈佛，继续与海陶玮教授的合作研究。当时哈佛燕京图书馆给了叶先生一把钥匙，因此图书馆闭馆以后，叶先生仍可留在里面工作。叶先生曾说："我可以整天沉溺在对静安先生之著作和生命的阅读及研究中。有时我竟会有一种静安先生的精魂似乎就徘徊在附近的感觉。"早年，叶先生对王国维"清者"之品格持守十分敬仰，在几度回国后，叶先生对王国维的看法其实发生了很大的转变，对传统士大夫困于时代之悲观困窘持有一种反省和批判的态度，而要有一种积极之作为。所以后来，叶先生申请回国读书，致力于诗教传承，不能不说是在对王国维的接受与反省中作出的截然不同的人生选择。先生虽无限感慨"鱼藻轩前留恨水"，但自己所做的却是"书生报国成何计"，"满园桃李正新栽"。

《王国维及其文学批评》
香港中华书局1980年6月初版（平装）

该书 1980 年在香港中华书局出版以来，两岸三地先后有 12 种版本之多（此外，尚有明伦、源流两个盗版版本，先生曾撰文提及盗版之事）。该书主体分上下两编，上编为"王国维的生平"，叶先生分析了静安先生知与情兼胜的禀赋性格和风云变化的时代乱局对其治学途径的影响，探讨了新旧文化激变中王国维的死因。下编为"王国维的文学批评"，叶先生以宏阔的视野论述了中国文学批评传统需要以外来刺激来拓展的发展必然，评述了静安先生在西方文化刺激下的再次觉醒，系统评介了王国维境界说及其与中国传统诗说之关系，对王国维以《人间词话》为代表的批评之理论与实践作出了恰切的评价。不过需要指出的是，此时叶嘉莹先生还没有完成对词史的系统梳理，也没有着手从词学反思上探讨词体的美感与特质。

《王国维及其文学批评》
广东人民出版社 1982 年 9 月初版（平装）

《王国维及其文学批评》
源流文化事业有限公司 1982 年 4 月初版（盗版平装）

这册书在香港出版时，叶先生曾写有很长的一篇后序，并有副标题《略谈写作此书之动机、经过及作者思想之转变》，略叙婚前婚后的人生辗转，并涉及在台湾白色恐怖中的受难经历。受当时出版管制之影响，明伦、源流在盗版时或将涉及台湾之文字大片删节，或干脆将后序完全删除。

明伦出版社盗版版本与中华书局版后序对比

1984 年，中华书局出版了《王国维全集·书信》一书，罗继祖、杨君实相继在有关刊物上发表了讨论王国维死因与交往等的文字。叶先生于年底写出了《〈王国维及其文学批评〉补跋》一文，作出了有关补正和说明，最早发表于《明报月刊》1985 年第 2 及第 3 期。该书出版前后，先生也陆续撰写有多篇关于王氏《人间词话》及《人间词》的文稿，参考西方文论对传统词学与王国维词论做了深入的反思，丰富了"境界"作为王国维对词之特质体认的内涵。纵观该书诸版本之异同，主要在于是否收录了后序、补跋及相关单篇文稿。1992 年，桂冠出版公司出版了新修订的《王国维及其文学批评》，首次将补跋收录其中，并增收了《由〈人间词话〉谈到诗歌的欣赏》《论王国维词：从我对王氏境界说的一点新理解谈王词之评赏》等五篇论文，先生对"境界说"的继承与发展由此更有拓展。但该版本却未收录后序一文。桂冠2000年版《王国维及其文学批评》补此遗憾，收录后序全文，故若以内容之完整而论，当以此本最为完备。

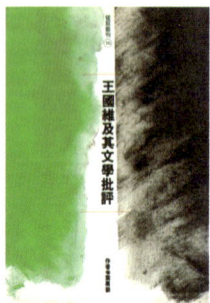

《王国维及其文学批评》

桂冠出版公司 1992 年 4 月初版（平装）

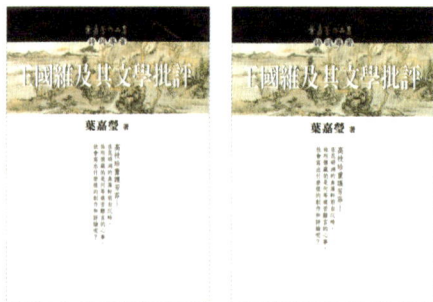

《王国维及其文学批评（上、下）》

桂冠出版公司 2000 年 2 月初版（平装）

《王国维及其文学批评》

河北教育出版社 2000 年 12 月二版（平装）

《王国维及其文学批评》

台湾清华大学出版社 2011
年 10 月初版（平装）

《王国维及其文学批评》

北京大学出版社 2014 年 10 月二版（精装）

《灵谿词说》《词学古今谈》《灵谿词说正续编》

叶嘉莹与缪钺两辈学人之知遇是当代词林的一段佳话。1982 年至 1986 年间，两位先生合作撰写论词文章，拟定之体例乃是将旧传统之"论词绝句""词话"等体式与近代之"词学论文""词史"等体式相融合。1987年该书以《灵谿词说》为名在上海古籍出版社出版，有精装本、平装本两种问世。除序言、后记外，该书收录叶先生文章 17 篇，缪钺先生文章 22 篇，对 32 位词人进行了精微之品评。该书的撰写，得到了中国社科院和加拿大社会人文科学研究理事会的支持赞助，列为中加文化交流科研项目。正中书局 1993 版、2013 版，除封面、开本调整外，内容并无变化。

《灵谿词说》

上海古籍出版社 1987 年 11 月初版（平装）

《灵谿词说》
上海古籍出版社 1987 年 11 月初版（精装）

《灵谿词说》
正中书局 1993 年初版（平装）

《灵谿词说》
正中书局 2013 年 3 月二版（平装）

　　继合作撰写《灵谿词说》后，两位先生笔耕不辍，缪先生以其深邃旧学功底，陆续撰写了金元以来之词与词人评论系列文稿，而叶先生也在以西方文论探讨中国之词与词学方面更有精进。两位先生便将相关文稿合并

为《词学古今谈》出版，取古今中外融会结合之意，作
为《灵谿词说》之续编。原拟继续由上古社出版，但为
祝贺缪先生九十华诞，上古社无法如期出版，乃由湖南
岳麓书社及台北万卷楼图书有限公司分别以简繁体同步
出版。岳麓书社本有精装、平装两个版本。

《词学古今谈》
万卷楼图书有限公司 1992 年 10 月初版（平装）

《词学古今谈》
岳麓书社 1993 年 2 月初版（精装）
岳麓书社 1993 年 2 月初版（平装）

　　2013 年，北京大学出版社拟重印《灵谿词说》，经
缪元朗提议，将《词学古今谈》文稿全部收入，遂有《灵
谿词说正续编》问世。正编将论词绝句集中刊于前言之

后，续编则以所论词人先后重新编排文稿次序，是为两点修正。"每诵瑶琴流水句，寂寥从此断知音。"光阴易逝而人事难常，百年易尽而天地无穷。而今，正续联璧、延津剑合，《灵谿词说正续编》足为极具词史意义的开新之作，想来缪先生当欣然告慰，而叶先生仍在中华诗教的道路上毅然前行。

《灵谿词说正续编》
北京大学出版社 2014 年 11 月初版（精装）

《唐宋名家词赏析》

　　《唐宋名家词赏析》收录了叶嘉莹先生对温庭筠、晏殊、柳永、苏轼等十位唐宋词名家的赏析，原是由叶先生在四川大学、南开大学、加拿大等地讲课的录音整理而成。此书版本颇多。大安出版社 1988 年出版四册本《唐宋名家词赏析》，1998 年将该书列入《学术论丛》再版。2006 年，南开大学出版社出版了该书的两册本，将第三、四辑内容之顺序略作调整。2013 年，南开大学出版社编辑出版了新版，调整为一册本，未分辑。2021 年台湾大学出版中心又再版该书，将大安出版社四册本合为一册四辑。大安出版社歇业后，台大出版中心从《学术论丛》中挑选出若干本书，以《学术研究丛刊》重新编排出版，该书即为其中之一种。

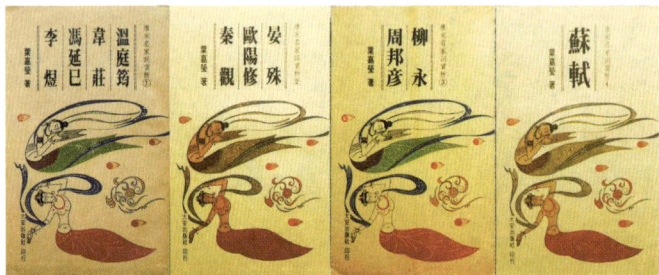

《唐宋名家词赏析》（全 4 册）
大安出版社 1988 年 12 月初版（平装）

《唐宋名家词赏析（上、下）》
南开大学出版社 2006 年 9 月初版（平装）

《唐宋名家词赏析》
南开大学出版社 2013 年 4 月初版（平装）

《唐宋名家詞賞析》
台大出版中心 2021 年 12 月初版（平装）

《中国词学的现代观》《词学新诠》

　　把中国传统的词学与西方现代的文论加以比照，在世界文化大坐标中来寻找位置，是叶嘉莹词学研究的重要方式。1986年至1988年间，应《光明日报》"文学遗产"专栏之邀，叶先生写了十五则迦陵随笔，主题内容是用诠释学、符号学、语言学、接受美学等西方新说来观照古代词论。后来，经友人建议，叶先生就相关问题详加阐发，写了题为《对传统词学与王国维词论在西方理论之观照中的反思》的长文。1989年初，应台湾清华大学之邀，叶嘉莹在离台二十年后首度返台讲学。为庆祝这一盛事，在抵台之前，台湾出版界便提出同期出版未在台发表之文稿。大安出版社便于1988年12月出版了《中国词学的现代观》，主体即为上述两部分内容。该版本后由台大出版中心再版。1990年，岳麓书社将该书在大陆出版，并将台湾出版时删去之文字做了补正。

《中国词学的现代观》

大安出版社1988年初版（平装）

《中国词学的现代观》
岳麓书社 1990 年 7 月初版（平装）

《中国词学的现代观》
岳麓书社 1992 年 7 月二版（精装）

《中国词学的现代观》
台大出版中心 2021 年 11 月初版（平装）

　　叶先生返台期间，一个月内在台湾大学、辅仁大学、淡江大学共做七场演讲，根据演讲内容整理成了三篇文稿。此前叶先生另有《从女性主义文论看〈花间〉词的特质》讲稿一篇。这些内容都属于"词学的现代观"之范畴，

因此岳麓书社在《中国词学的现代观》再版时，将上述文稿一并收入，并另附一篇论诗旧稿作为附录。缪钺先生曾评价该书"继静安之后又一次新的开拓"，激赏之情，溢于言表，更欣然为此书赐写题签。2000年桂冠图书出版公司出版《词学新诠》，即以《中国词学的现代观》之篇目为基础。2008年北京大学出版社在《迦陵著作集》中出版了《词学新诠》，另增补了叶先生"词学的现代观"有关之四篇文稿。《词学新诠》较为完整地反映了叶先生"继静安绝学，贯中西文脉"的词学理论探索与研究贡献。

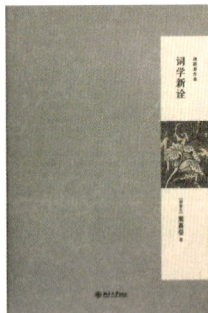

《词学新诠》
北京大学出版社 2014 年 10 月二版（精装）

《唐宋词十七讲》《唐宋词选》

1987年叶嘉莹先生应辅仁大学校友会、中华诗词学会、国家教育委员会老干部协会及国际文化交流中心之邀请，举办了"唐宋词系列讲座"，先后在北京、沈阳、大连三地连续作了十七场演讲。本书即为该系列讲演的整理稿。全书以唐五代两宋的重要词人温庭筠、韦庄、冯延巳、李璟、李煜、晏殊、欧阳修、柳永、苏轼、秦观、周邦彦、辛弃疾、姜夔、吴文英、王沂孙十五家为代表，以点带面，讲述了唐宋词的演进和发展过程。叶嘉莹结合十五位词家生活的历史背景、生平经历、性格学养、艺术才能，提炼出他们显著的风格特色及其所传达的感情品质，既从历史的高度勾勒出他们的贡献和在词史上的地位，又从赏析的角度体悟不同词家相似词作之深微的差别，极见功力。

《唐宋词十七讲》

岳麓书社1989年2月初版（精装）

《唐宋词十七讲》
桂冠图书公司 1992 年 4 月初版（平装）

《唐宋词十七讲》
河北教育出版社 2000 年 12 月二版（平装）

《唐宋词十七讲》
北京大学出版 2017 年 8 月初版（精装）

　　叶嘉莹先生自认为这本书有五大特点：一是在介绍每一位作者时，都特别注意其风格特色与其所传达的感情之品质的差别；二是重视对词之演进和发展过程的介绍，在叙述词家风格特色时，兼顾他们在纵向与横向之间的影响和关系；三是介绍了词之特质及传统词评中的重要模式；四是在讲说中结合了一些西方理论，如符号学、诠释学、接受美学等，反思我们古典文学的意义与价值；五是注重传达作品中感发之力量。叶先生曾记录其女言慧的读后感——"讲座面对的则是广大的一般听众，因此你所用的既都是白话的口语，而且解说的也比较生动。我想你的讲稿印出来后，很可能会比你写的书更受到一般读者的欢迎。"果不其然，该书很快多次再版重印。在抵京演讲之前，叶嘉莹还应邀提供了一份教学资料，选编了部分唐宋词名家的代表作品和相关作者之评价，辅仁大学校友会将之整理为《唐宋词选》。该选本虽非正式出版物，却是阅读《唐宋词十七讲》之重要参考资料。

《唐宋词选》
辅仁大学校友会1987年初版（平装）

　　《唐宋词十七讲》有岳麓版（1989、1990）、桂冠版（1992、2000）、河北教育版（1997、2000）、北大版（2007）等多个版本。史树青先生参加了在京的全部讲座，并为本书撰写了序言，在岳麓1990年版中增入同门刘乃和先生序言。2017年北京大学出版社出版了该书之精装本，编校印制俱佳，可为上品。《唐宋词十七讲》被学界誉为"一部唐宋词简史"，更被大众读者当作"唐宋词入门"的经典书籍。

《诗馨篇》《古诗词课》
《中国古代经典诗词文赋选讲》

　　《诗馨篇》乃"中华文化集萃丛书"之一种。丛书主编范曾先生和中国青年出版社力邀叶先生参与其中一辑之撰写，主要目的是透过诗词介绍来弘扬中华优秀文化。因叶先生授课安排已满，因此由安易、徐晓莉、杨爱娣三位学生整理叶先生各地讲授诗词之录音，以录音讲稿作为本书主体内容。《诗馨篇》共36章，分上、下两册，上册20章是关于诗的介绍，始于《诗》《骚》，终于晚唐之李商隐，下册16章是关于词的介绍，始于晚唐之温庭筠，终于南宋末之王沂孙，每章后均附有诗词选注。先生为本书撰写了叙说，精微阐释了诗之"正得失，动天地，感鬼神，莫近于诗"，及词之"要眇宜修，能言诗之所不能言。词之雅郑，在神不在貌"，先生以

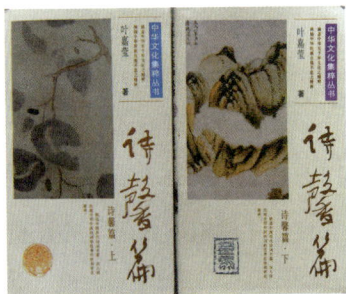

《诗馨篇（上、下）》
中国青年出版社 1991 年 10 月初版
（平装）

为这些论述乃古典诗词之精谛妙义，深得其味方可使我们获得进入诗词宝库之门钥。2018年，三联书店以《诗馨篇》为底本整理出版了《古诗词课》，将两册合为一册，并对章节题目做了适当修改。

《古诗词课》
三联书店 2018 年 1 月初版（平装）

此外，我们要谈一谈《中国古代经典诗词文赋选讲》。此书主编为徐晓莉老师，她是《诗馨篇》的主要整理者之一。在天津广播电视大学任教期间，徐老师即以《诗馨篇》之讲授内容与思路讲授"中国古代文学作品选读"，而本书之初稿即是教学的教材。全书按朝代分为 4 个单元，共 42 讲，其中 33 讲都是以《诗馨篇》为底本整理而成。叶先生是名副其实的主讲和顾问，并为本书写下了情谊深长的序言。徐晓莉老师在后记中写到，本书的出版是"为叶嘉莹所负的使命分担了一份责任，为叶先生所献身的事业添了一块砖瓦"，这也正是叶先生倾注心血的师教传承。

《中国古代经典诗词文赋选讲》

天津古籍出版社 2006 年 1 月初版（平装）

《清词名家论集》《清词丛论》

　　清一代号称为词的中兴时代。对于清代的词与词学研究，叶先生有浓厚之研读兴趣和扎实之研究成果。1993年，台湾"中研院"文哲所的林玫仪教授邀叶先生撰写一册清词专著。后叶先生因教务繁忙，在匆迫之工作中遂邀陈邦炎先生合著。经与陈先生一晤便商定了撰写计划。陈先生陆续撰写了关于陈维崧词、徐灿拙政园词、云起轩词、陈曾寿词等四篇文稿。而叶先生则撰写了关于朱彝尊、张惠言等三篇文稿。后因出版之需要，叶先生又做了一次清词讲演，并将讲录整理稿会同上述之文章一并收入《清词名家论集》。河北教育出版社出版《清词丛论》时，将《清词名家论集》之四篇文稿摘录而出，并增入另四篇文稿，辑成新作。2008年，北京大学出版社出版《迦陵著作集》，第六册即为《清词丛论》，该版本收入十一篇文章。主体部分为《清词名家论集》之四篇文稿与《清词丛论》中另辑入的

《清词名家论集》
台湾"中央研究院"文学哲学研究所1996年初版（平装）

三篇文稿，同时增入关于王国维及《人间词话》的三篇文稿和一篇关于清代词史的讲演录音整理稿。

《清词丛论》
河北教育出版社 2000 年 12 月二版（平装）

《清词丛论》
北京大学出版社 2008 年 4 月初版（平装）

《与古诗交朋友》

　　这是叶嘉莹和田师善两位师者共同为小朋友们编选的一册古诗读本，共选录五、七言绝句一百首，诗词有注音，配有注释、作者简介和教读参考。叶嘉莹在书前还分别写了给老师家长们、给小朋友的话作为序言，略述诗词教育之意义。书后附田晓菲所写《一张白纸的最初印痕——我的幼学古诗的经历》。天津人民出版社1996年版，书名有副标题，全书名为《与古诗交朋友——幼学古诗精选及诵读》，乃赵朴老所题签。叶先生推广诗词教育一直得到赵朴老的大力支持，其中过往可见先生撰写之相关文章。该版另附诵读音带两盘，录有叶先生逐首诵读的音频。其后，北京图书馆出版社版、广西师大出版社版重新设计了开本与装帧，内容殊无变化。此乃先生在诗词吟诵推广方面出版的第一本图书。早在1993年，叶嘉莹撰写了《谈古典诗歌中兴发感动之特质与吟诵之传统》一篇长文，文中说："希望中小学的教师们，或以后将从事中小学教育的青年们，能够首先学会吟诵，如此则自然可以在教学中以口耳相传的吟唱方式，使吟诵的传统能在下一代学童中扎下根来。这种兴趣的养成，我以为无论是对学文或学理的人而言，在以后的学习中都会有相当的助益。"

《与古诗交朋友》

天津人民出版社 1996 年 2 月初版（平装）

《与古诗交朋友》

北京图书馆出版社 2008 年 4 月初版（平装）

《与古诗交朋友》

广西师范大学出版社 2014 年 5 月（平装）

《与古诗交朋友》

广西师范大学出版社 2018 年 7 月再版（精装）

迦陵讲诗与迦陵讲词系列

1978年夏天，叶嘉莹受邀参加美国东海岸的一次夏令营。期间，叶先生做了题为《旧诗的批评与欣赏》之讲演。时在联合国工作的尹梦龙先生正在主编《海内外》杂志，他不仅将叶先生的讲话录音整理刊发，并建议叶先生在授课时都进行录音。因此，叶先生逐步养成了讲课录音的习惯，这也为后来叶先生系列讲稿之整理出版工作奠下了基础。

其实，叶先生第一次讲课录音乃是60年代中期。据叶先生回忆，因许世瑛先生眼疾，她曾代许先生通过广播讲授大学国文课程。当时，叶先生自己并未保存相关之录音。到加拿大任教后，几位来自台湾地区的研究生提出想获得这些录音作为课外学习之参考。叶先生遂函请友人与台湾教育电台联系复制事宜。因技术问题，当时仅以圆盘式大型音带录制了诗歌和辞赋方面的讲授内容，叶先生将之在加拿大转录为卡式音带。几经辗转，其中部分内容由叶先生天津友人整理，并于1997年在天津教育出版社出版了《阮籍咏怀诗讲录》。

2013—2016 年，《文史知识》开辟了"迦陵讲赋"专栏，将叶先生国文课程录音另一部分陆续整理、刊载出来。2019 年中华书局将相关文章结集出版为《迦陵讲赋》，想此出版之日距先生讲授之时盖已过一甲子矣。全书通过对鲍照、庾信、欧阳修、苏轼等人六篇经典赋作的解读赏析，生动展示了赋这一文学体式铺陈状物、文藻华美的文字面貌，而且这些文字也能让我们感受到知识分子的家国情怀和志气风骨。这是目前叶先生讲赋的唯一著作。

叶先生的授课讲演文稿总体可以分为两个部分，即迦陵讲词和迦陵讲诗。多年来，先生在各地讲学，足迹

遍及中国、加拿大、美国、新加坡等地，自播讲阮籍"咏怀诗"算起，时间跨度盖已有六十年之久。虽先生授课演讲之题旨多有相似之处，然先生向来不备讲稿、信马由缰，因听众场合情景时间之别而酝酿感发，所谓"跑野马"之境，所以即便是同一诗人、同一作品之品评亦常有出新之处。因此纵览先生不同时地讲授同一题材之讲稿，时能有耳目一新之感。从出版来看，在迦陵讲词方面，最早出版应为1988年台湾大安出版社出版的《唐宋名家词赏析》；而讲诗的著作最早即为上文所述的《阮籍咏怀诗讲录》。

近年来，不少出版社以单行本或个别文集等方式出版了相关诗词讲录。以笔者经眼，关于讲词，较全者乃北京大学出版社2007年出版的《迦陵讲演集》系列，最初为七种，包括：《词之美感特质的形成与演进》《唐宋词十七讲》《唐五代名家词选讲》《北宋名家词选讲》《南宋名家词选讲》《清代名家词选讲》《迦陵说词讲稿》。继而又出版了《小词大雅——叶嘉莹说词的修养与境界》《人间词话七讲》《几多心影——叶嘉莹讲十家词》作为增补（《几多新影》未列入《迦陵讲演集》系列）。

《迦陵讲演集》（全七册）

北京大学出版社2007年1月初版（平装）

《小词大雅——叶嘉莹说词的修养与境界》
北京大学出版社 2015 年 3 月初版

关于讲诗，较全者乃中华书局 2007、2008 年出版的八册本《迦陵说诗》，包括：《叶嘉莹说诗讲稿》《叶嘉莹说汉魏六朝诗》《叶嘉莹说阮籍咏怀诗》《叶嘉莹说陶渊明饮酒及拟古诗》《好诗共欣赏——叶嘉莹说陶渊明杜甫李商隐三家诗》《叶嘉莹说杜甫诗》《叶嘉莹说初盛唐诗》《叶嘉莹说中晚唐诗》。为庆祝叶嘉莹先生九十诞辰，2015 年中华书局推出了精装本《迦陵说诗》，对文字内容进行了重新审定，逐一核对引文，对误记、编校讹误进行订正，并制作了演讲录音光盘，堪称用心之作。但《好诗共欣赏》因版权问题不再印行。2018 年，中华书局推出平装本《迦陵说诗》（七册），以扫码形式来承载相关之音频，亦多次重印。同时，2018 年，北京大学出版社出版了《美玉生烟——叶嘉莹细讲李商隐》，虽列入《迦陵讲演集》，却一改此前词学讲演集录之范围，而是收录了叶嘉莹 2013 年在加拿大西门菲莎大学所作关于李商隐诗系列讲座之整理稿。

《迦陵说诗》
中华书局 2007—2008 年初版（平装）

《迦陵说诗》
中华书局 2015 年再版（精装）

《迦陵说诗》（全七册）
中华书局 2018 年 6 月初版（平装）

　　其中，桂冠出版公司 2000 年版专辟《诗词讲录》一辑，收录了《汉魏六朝诗讲录》《阮籍咏怀诗选讲》《陶渊明饮酒诗讲录》《唐宋词十七讲》《迦陵说诗讲稿》《迦陵说词讲稿》等六种九册。大块出版公司 2013 年版《叶嘉莹作品集》收录了《迦陵说诗讲稿》《汉魏六朝诗讲录》《阮籍咏怀诗讲录》《陶渊明饮酒及拟古诗讲录》《叶

嘉莹说杜甫诗》《叶嘉莹说初盛唐诗》《叶嘉莹说中晚唐诗》《迦陵说词讲稿》《唐宋词十七讲》《中国古典诗歌的美感特质与吟诵》等十种。此外，尚有相关之散本如《荷花五讲》《南宋名家词讲录》等，另有篇目介绍。

"柔蚕老去应无憾，要见天孙织锦成。"叶先生传道受业、耕耘讲坛近八秩春秋，即便自1989年荣休算起，归国执教业已33年矣，可以说为中华诗词之传承燃尽毕生之辉光。面对已经出版的如此多诗词讲录，这背后是叶先生多少讲授整理之时间精力啊。叶先生退休之时，正处在学术研究之巅峰鼎盛时期。我曾想，如果叶先生不是设帐南开、执教杏坛，而是继续个人之学术研究，想必自能成就如《中国词学通史》《中国文学批评史》等煌煌巨著，因此在文学史上登峰造极。而反观叶先生之选择，她仅以有限之时间从事学术研究，将自己最主要的精力都用于传道教学，致力于诗词文化发扬光大、代有传承。正是这样根植于民族与读者中的选择和坚守，叶先生在学林中光芒不减，更让诗词在大众身边熠熠生辉。

《中国诗歌论集》《中英参照迦陵诗词论稿》

    1998 年，哈佛大学出版社出版了海陶玮、叶嘉莹合著的 *Studies in Chinese Poetry*（《中国诗歌论集》），收录叶嘉莹英文论文十三篇，海陶玮论文四篇。这些文稿的时间跨度自 1966 年始，至 1994 年为止，前后盖有 28 年之久。叶先生论文的英译工作主要都是在海陶玮先生的帮助下完成的。海陶玮先生的翻译工作为叶嘉莹先生的词学研究走入西方汉学研究视野起到了重要的摆渡作用，与此同时，叶先生也帮助海陶玮更加深刻地理解了中国诗词的丰富精神内涵。两位学者之共同创作乃中西文化学者合作之典范。2013 年南开大学出版社以《中国诗歌论集》为蓝本，出版了《中英参照迦陵诗词论稿》的一册本，摘选叶先生六篇论文的中文、英文版作为对照参考，并附《中国诗歌论集》之序言与篇目。2015 年、2019 年南开大学出版社、外语教学与研究出版社先后出版《中英参照迦陵诗词论稿》，均为上下两册，将叶先生十三篇论文的中文英文版全部收录，使读者得以一窥全貌。书名为"中英参照本"而不称"中英对照本"，对此叶先生指出，中西方的思维方式不同，中文和英文的句式文法也有很大的差异，因此论文的互译应更重视整体意旨，而并非拘泥于中英文语法之框架。

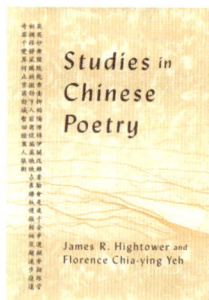

Studies in Chinese Poetry（《中国诗歌论集》）

哈佛大学出版社 1998 年初版（精装）

《中英参照迦陵诗词论稿》

南开大学出版社 2013 年 4 月初版（平装）

《中英参照迦陵诗词论稿》

南开大学出版社 2015 年 1 月初版（平装）

《中英参照迦陵诗词论稿（上、下）》

外语教学与研究出版社 2019 年 8 月初版（精装）

《叶嘉莹说词》

　　本书乃"名家说——'上古'学术萃编"之一种，收录叶先生论王静安词论、词作的四篇文章。此集可反映叶先生词学研究一个极为重要的方面。叶先生以髫龄即耽爱《人间词话》一书，及其后对之研讨不辍、领会阐发日益精微。陈邦炎先生之题言曾经略述该书成书之经过，回顾叶先生与上古社联系之渊源，并对四篇文稿进行了深入的介述，言辞精妙恳切，颇值一读。

《叶嘉莹说词》
上海古籍出版社 1999 年 12 月初版（平装）

《名篇词例选说》

　　本书是将叶先生散见于《唐宋词鉴赏辞典》《金元明清词鉴赏词典》《古代文学作品鉴赏》《词林观止》和有关论文中对具体词作之赏评加以集合。该书最早之版本为桂冠出版公司 2000 年版，列入《叶嘉莹作品集》诗词论丛一辑，共收对 15 家作者的 29 篇词作之赏析文字。2009 年，南开大学出版了新版《名篇词例选说》，增收贺双卿作品 4 首，陈曾寿作品 1 首，合计收录作者 17 家，作品 34 篇。其后，北京出版社以南开版为底本，在"大家小书""大家诗苑"等丛书中再版该书，陈邦炎先生为此书撰写题言。2021 年，香港天地图书公司获得北京出版社繁体版授权，出版了繁体竖排精装本，列入博雅文丛。此版书前增有何梓庆教授《留取金针度与人》一文作为导读。是书篇幅精巧，遴选广泛，有概览闲读之妙。

《名篇词例选说》

桂冠图书公司 2000 年 2 月初版（平装）

《名篇词例选说》
南开大学出版社 2006 年 9 月初版（平装）

《名篇词例选说》
北京出版社 2016 年 7 月初版（精装）

《名篇词例选说》
天地图书公司 2021 年 10 月初版（精装）

《风景旧曾谙——叶嘉莹谈诗论词》

　　此书为郑培凯教授主编的"中国文化讲座"中的一种。2003年春，叶嘉莹先生到香港城市大学中国文化中心做了十个专题讲座，及一次城市文化沙龙演讲，本书所收录的即为讲稿实录。叶嘉莹在讲座中阐述了中国古典诗学脉络、诗词基本美感特质和兴发意趣、词人创作之心路历程等。郑培凯在推荐序中做了解题，叶先生将中国诗词精神在香港传播，亦是传统文化的"风景旧曾谙"。2004年，本书在香港城市大学出版社出版。2008年香港城市大学出版社授权广西师范大学出版社出版简体版。

《风景旧曾谙——叶嘉莹说诗谈词》
香港城市大学出版社2004年初版（平装）

《风景旧曾谙——叶嘉莹谈诗论词》
广西师范大学出版社2008年6月初版（平装）

《叶嘉莹自选集》

　　《叶嘉莹自选集》有两个主要版本系统。一为《多面折射的光影——叶嘉莹自选集》，此版先后在南开大学出版社、人民出版社出版，收录先生论诗文稿三篇，论词文稿三篇，杂文四篇，各体诗文创作若干，其中南开大学出版的两个版本中还附有英文论文一篇，即《谈梦窗词的现代观》。这一版本颇得"多面"之意。另一为《叶嘉莹自选集》，该版先后在山东教育出版社、当代世界出版社出版。收录先生论词文稿十篇，后附张静、可延涛整理之迦陵年表。此版本似更近于迦陵论词丛稿新编。

《多面折射的光影——叶嘉莹自选集》
南开大学出版社 2004 年 10 月初版（平装）

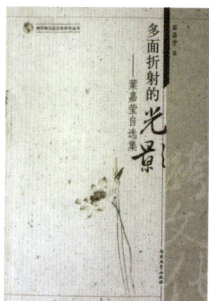

《多面折射的光影——叶嘉莹自选集》
南开大学出版社 2013 年 4 月初版（平装）

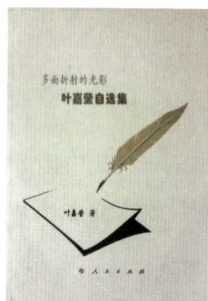

《多面折射的光影——叶嘉莹自选集》
人民出版社 2019 年 12 月初版（平装）

《叶嘉莹自选集》
山东教育出版社 2005 年 5 月初版（平装）

《叶嘉莹自选集》
当代世界出版社 2022 年 5 月初版（平装）

《南宋名家词讲录》《南宋名家词选讲》

  本书遥承 1987 年辅仁大学校友会、中华诗词学会、国家教育委员会老干部协会等联合组织的"唐宋词系列讲座"。2001 年，沈秉和先生想推广普及诗词教学，并希望整理《唐宋词十七讲》的讲课录像，然当年仅保存了在北京十讲的视频，沈阳、大连等地的视频已无从寻找。为此，2001 年 9 月开始，叶先生在南开大学重新讲授南宋词。本书即为这一系列讲演整理而成。叶先生讲述了南宋辛弃疾、姜夔、吴文英、王沂孙等几位重要词人的时代生平、作品特质、艺术风格等。为使学生更好了解词学发展脉络，叶先生用两讲的时间介绍了晚唐五代到北宋的词学情况，作为本书的绪论。同时，叶先生以为"赋化之词"对南宋词风有着极大之影响，用一讲介绍了结北开南的北宋词人周邦彦。2005 年，天津古籍出版社出版了平装本《南宋名家词讲录》，范曾先生题写书名。2010 年，台湾清华大学出版社再版该书。2007 年，北京大学出版社在《迦陵讲演集》中出版了《南宋名家词选讲》，本书以《南宋名家词讲录》为底本，将南宋词人分为初期、中期、后期三个时代，并在南宋初期增补了叶先生关于李清照、陆游的讲录内容，同时删去了北宋词人周邦彦

一讲。书后另附叶先生《从花间词的女性特质看稼轩豪
放词》一文作为附录。

《南宋名家词讲录》
天津古籍出版社 2005 年 2 月初版（平装）

《南宋名家词选讲》
北京大学出版社 2007 年 2 月初版（平装）

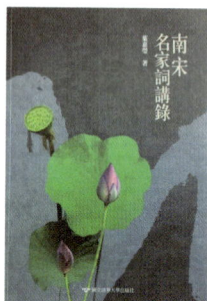

《南宋名家词讲录》
台湾清华大学出版社 2010 年 11 月初版（平装）

《王国维词新释辑评》

　　本书是"历代名家词新释辑评丛书"之一种，叶先生是本套丛书的主编，也是本书作者之一。近年，出版社约请叶先生担任主编或顾问的丛书不在少数，但窃以为这套丛书的学术价值与研究方法应颇得叶先生首肯，叶先生评价"定将对今后词与词学之研究做出极大贡献"。本丛书共24册，收录自温庭筠至王国维共24位词人的评释，叶先生对每一位词人都给予了十分精当的评价。就体例而言，叶先生要求每一册专辑的撰著者要严谨考证、整理，吸收新材料、新观点，对选定之词人的作品进行分类、编年，并逐词注释、讲解、辑评，代表一词人之作品、自其编订成集以来的全部研究成果，融贯中西、自建体系。叶先生认为，这种研究工作，所得到的不仅是一种综合性的整理成果，而更是展现了每一位词人在漫长的历史批评中被接受的整个过程。如借用西方文学理论而言，这是对每一位词人"接受过程"的研究。对于这种系统融汇的研究方法，在叶先生《杜甫秋兴八首集说》一书中便已初见端倪。

《王国维词新释辑评》
中国书店 2006 年 1 月初版（平装）

　　在《王国维词新释辑评》一书的撰写中，叶先生参与了全程研讨，搜集了"辑评"中海外部分材料，更对安易撰写的每一篇文稿都做过不止一次的详细审批和修改，可以看作叶先生对王国维《人间词》的系统诠释。本册书所用王词底本为上海古籍书店 1983 年初版的《王国维遗书》，共收录词作 115 首，惟在词的排列上改为按发表时间为序。在"辑评"中，共从 67 位作者的 84 种有关王国维文章或专著中进行辑录，较为全面地反映了对于王国维《人间词》研究的面貌。关于本书，叶先生曾回忆过，早年在台湾地区教书的时候，就萌生了注释王国维词的想法，仅仅写了几条就离开台湾地区前往美国，这项写作计划便耽搁下来，而这一凤愿竟时过 40 年才完成（具体可见《红蕖留梦》2021 年版，第 173 页）。

《词之美感特质的形成与演进》

　　本书所收录的是叶嘉莹先生 2005 年元月在天津电视台所做讲座的录音整理稿。在对词学数十年的思索与研讨中，叶先生将五代两宋之词的发展划分出三个阶段，提出了歌辞之词、诗化之词、赋化之词的词学演进论。本书即围绕这一演进，分为三个篇章十二讲，从唐五代、北宋初年的小令讲到李后主、苏东坡、辛弃疾的作品，在写法上有直抒感发、有描绘铺陈，为我们展现了词之不同的美感特质。2007 年，此书在北京大学出版社出版。同年 5 月，台湾清华大学出版社出版该书，并增加了主标题"照花前后镜"，同时收录叶嘉莹先生自序一篇，除略述出版之渊源，还将自己在词与词学之研讨所走过的历程做了简要之说明。

《词之美感特质的形成与演进》
北京大学出版社 2007 年 1 月初版（平装）

照花前後鏡
詞之美感特質的形成與演進
葉嘉瑩 著

廣西清華大學出版社

《照花前后镜：词之美感特质的形成与演进》
台湾清华大学出版社2007年5月初版（平装）

《唐五代名家词选讲》

此书为叶先生关于唐五代名家词的讲稿集。叶先生以温、韦、冯、李四家词为例，阐释了中国词之形式从歌筵酒席间流行的艳曲，变为文人士大夫抒情写意的一种新型诗歌之演进过程。叶先生从心灵品质的差别、情感投注的方式、艺术美感的呈现等方面去认识词人词作的不同境界，把这些词人的精神世界放到双重性别及双重语境的视野中来加以解读，能带给读者更加深入的情感体会与美感认知。

《唐五代名家词选讲》
北京大学出版社 2007 年 1 月初版（平装）

《唐五代名家词选讲》
台湾清华大学出版社 2011 年 10 月初版（平装）

《叶嘉莹谈词》

本书是叶嘉莹先生词学论述的有关摘录，乃张静、安易等弟子从先生 16 本专著、6 篇论文、4 篇演讲中辑录而成。全书共收短论 600 条，主体分为本体论、批评论、词史论等三部分，另有其他类 17 条，微言大义，论述精深。书后附有摘录书目。现可见南开大学出版社 2010 年、2013 年、2015 年版和长江文艺出版社 2019 年版。各版本内容并无不同，封面设计各有新意。此书解读为《迦陵词话》亦无不可。

《叶嘉莹谈词》
南开大学出版社 2010 年 2 月初版（平装）

《叶嘉莹谈词》
南开大学出版社 2013 年 4 月初版（平装）

《叶嘉莹谈词》

南开大学出版社 2015 年 11 月二版（平装）

《叶嘉莹谈词》

长江文艺出版社 2019 年 5 月初版（平装）

《红蕖留梦——叶嘉莹谈诗忆往》
《沧海波澄——我的诗词与人生》

　　《红蕖留梦——叶嘉莹谈诗忆往》是叶先生口述自传，是南开大学历史系校友张候萍女士对叶先生的访谈记录，该书从动议至成书前后历时 10 年之久。早在 2000 年，张候萍女士就提出要为先生写一册口述自传，先生曾断然回绝。后因缘际会，在 2001 年古典诗词师资培训班上，候萍与晓莉二位女士又与先生谈及此事，而讲习班气氛热烈，先生深感众情难却，方有此访谈之开始。该书 2013 年首版，2019 年、2021 年两次再版增补，其中 2019 年版为精装本。2021 年版现增补至 42 万字，以时空之序分为八章，书前有叶嘉莹、沈秉和、陈洪、席慕蓉等解题和序言文字，后附迦陵纪事、增订后记、参考书目等，书中百余幅珍贵之图片尤为难得。特别是书中第八章"良师益友"记录了先生与时代学人之交往，斯人风范，让人神往。书名乃叶先生自拟，出自"红蕖留梦月中寻"之词句，先生以红蕖自喻，留梦则是指对往事如梦之追忆。2014 年，台湾大块文化出版公司取得该书版权，出版了《红蕖留梦》繁体平装本。

《红蕖留梦——叶嘉莹谈诗忆往》
三联书店 2013 年 5 月初版（平装）

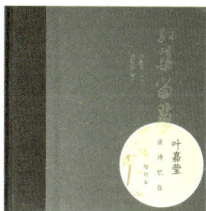

《红蕖留梦——叶嘉莹谈诗忆往（增订版）》
三联书店 2019 年 9 月（精装）

《红蕖留梦——叶嘉莹谈诗忆往（增订本）》
三联书店 2021 年 7 月（平装）

　　《沧海波澄——我的诗词与人生》是叶先生以第一人称叙写的传记。全书分为"二十年间惘怅事""潮退空余旧梦痕""鹏飞谁与话云程""骥老犹存万里心"四个篇章，记录了先生北平别离、台湾苦难、海外辗转、归国执教的 94 载跌宕人生。"天以百凶成就一词人"，

是诗词的力量给予了叶先生生命的感发与慰藉。书名取
自先生诗词"高丘望断悲无女，沧海波澄好种桑"。先
生在代序中写到，等到沧海变成桑田，要等到哪一年呢?
现在就试一试在沧海之中种下桑田吧!这何尝不是叶先
生一辈子躬耕于诗教的人生写照呢?《沧海波澄》《红
蕖留梦》记事笔法各有详略侧重，颇可参照来看。

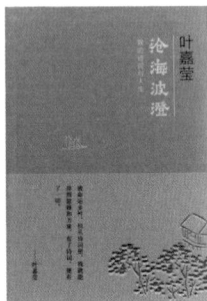

《沧海波澄——我的诗词与人生》
中华书局 2017 年 11 月初版（平装）

《迷人的诗迷——李商隐诗》
《情深辞婉诗成谜——叶嘉莹带你读懂李商隐》
《美玉生烟——叶嘉莹细讲李商隐》

于诗人，除杜甫外，叶嘉莹对李商隐有深沉独特之喜爱。2009 年 9 月，应台湾大块文化公司之邀，叶先生在北京大学英杰中心做了题为《如何解读迷人的诗迷——李商隐诗》之演讲，纳入大块文化公司经典 3.0 之演讲系列。2010 年，大块文化公司以此演讲为基础出版了《迷人的诗迷——李商隐诗》，请独立插画师阮筠庭做了《燕台四首》的故事绘画，并附叶嘉莹对李商隐部分经典诗作的解读。本书以简明之文字图表介绍了与李商隐关联之历史、人物、地理、谱系等内容，读来颇感视野之丰富。同年，台湾大块文化公司授权文化艺术出版社在大陆地区出版简体版。两书除文字有简繁体之别，版式内容完全一致。2021 年，中国致公出版社再版该书，重新设计了封面和内文版式，并将书名改为《情深辞婉诗成谜——叶嘉莹带你读懂李商隐》。

《迷人的诗迷——李商隐诗》
文化艺术出版社 2010 年 4 月初版（平装）

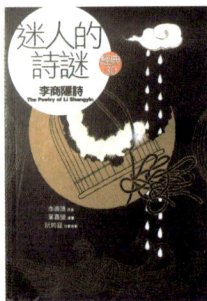

《迷人的诗谜——李商隐诗》
大块文化出版公司 2010 年 5 月初版（平装）

《情深辞婉诗成谜——叶嘉莹带你读懂李商隐》
中国致公出版社 2021 年 7 月初版（平装）

　　为让更多读者接受李商隐，2013 年，受加拿大华裔作家协会之邀，叶嘉莹在加拿大西门菲莎大学举办李商隐诗系列讲座四讲。2018 年，北京大学出版社出版了《美玉生烟——叶嘉莹细讲李商隐》，辑录了该演讲的相关内容。本书另有附录三篇，分别为为叶嘉莹从诠释学与接受美学角度谈论李商隐的理论文章，旧时在台湾大学刊物上发表的评赏文章，以及在南开大学讲李商隐《燕台四首》的整理稿。书后附有叶先生演讲之 DVD 光盘。2019 年台湾大块文化出版公司出版了繁体竖排平装本。本书是叶嘉莹先生在人生不同阶段对李商隐诗的体悟，兼具学术性与普及性。

《美玉生烟——叶嘉莹细讲李商隐》
北京大学出版社 2018 年 7 月初版（精装）

《美玉生烟——叶嘉莹细讲李商隐》
大块文化出版公司 2019 年 12 月初版（平装）

《古典诗歌吟诵九讲》《爱上古诗词的九堂课》

　　该书为叶嘉莹先生关于"中国古典诗词赏析及吟诵"系列讲座的记录稿，囊括古典诗词的重要体式和重要作品，主要包括"说诗忆往、《诗经》四言体、《楚辞》与楚歌体、乐府诗、五言绝句、五言律诗、五言古诗和五言排律、令词、长调"等九个主题的内容。全书脉络清晰，内容充实，在叶先生对诗歌吟诵的亲切讲述中，能让读者感受到叶先生对古典诗词独到的诠释与解读。这是一部简明却又系统、通识却又专注的关于中国古典诗歌史的通识读本。2014年广西师范大学出版社出版《古典诗歌吟诵九讲》，2018年广西师大出版社、2021年江苏凤凰文艺出版社以《爱上古诗词的九堂课》为名再版该书，内容几无调整，足见本书受欢迎之程度。

《古典诗歌吟诵九讲》
广西师范大学出版社2014年5月初版（平装）

《爱上古诗词的九堂课》
广西师范大学出版社 2018 年 6 月二版（精装）

《爱上古诗词的九堂课》
江苏凤凰文艺出版社 2021 年 6 月初版（平装）

《人间词话七讲》

　　"续易安灯火，得唐宋薪传，继静安绝学，贯中西文脉"是对叶先生学术之恰当评价。对静安先生词学之欣赏与传承，当世恐无人能出叶先生之右。本书是 2009 年叶先生为纪念王国维《人间词话》问世百年，为温哥华爱好诗词友人所做的系列讲演之整理稿。全书主要内容为叶先生的演讲实录，共七讲，先生以深入浅出和典雅细腻的文字，为读者讲述了王国维《人间词话》中境界说的概念，由此谈及词与诗的美感特质的区别及历代知名词家词作之赏析。书后附《人间词话》原文，另附叶先生《人间词话》演讲之视频光盘。本书荣获 2014 年度中国好书。2015 年，此书获得国家社科基金中华学术外译项目资助，2017 年 8 月《人间词话七讲》俄译本在俄罗斯科学出版集团东方文学出版社出版。该书在 2017 年北京国际书展、莫斯科国际书展上引起广泛关注。2019年英国劳特利奇出版社在"中国观察"丛书中出版了该书的英文版。2021 年，台湾大块文化出版公司出版该书之竖排平装本，书后附《人间词话》民国石印本之影印本。王国维逝世之次年，罗振玉以上虞罗氏贻安堂经籍铺名义印行了写本石印《海宁王忠悫公遗书》四集。所附《人

间词话》即从原书第四集中影印而来。该书是先生著作中唯一一本同时被译介为两种文字的著作，足见其影响之广泛。

《人间词话七讲》
北京大学出版社 2014 年 10 月初版（精装）

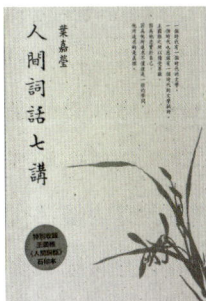

《人间词话七讲》
大块文化出版公司 2015 年 1 月初版（平装）

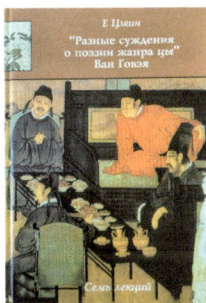

《人间词话七讲》（俄文版）
俄罗斯东方文学出版社 2017 年 8 月初版（精装）

《人间词话七讲》（英文版）
英国劳特利奇出版社 2019 年（平装）

《荷花五讲》

　　本书是湛如法师、陈洪教授主编之"多闻多思 华林文丛"的一种。叶先生是横山书院文化中国讲坛的发起人之一，2012 年 9 月曾在书院做题为"我与莲花及佛法之因缘"的讲座。横山书院拟将该演讲之整理稿出版，并请叶先生增补一些文稿。叶先生多年来在各地之演讲，多有涉及莲花及佛法之叙述，因此，叶先生另摘选了四篇相关之讲稿，所谈之内容或有相同之处，但时地不同、听众不同，意蕴也各有不同，遂将书名拟定为"荷花五讲"，作为众镜相照之检讨与反省。叶先生生于荷月，又以"荷"为乳名，且其号"迦陵"本为佛教中一种神鸟之简称，先生求学、传教之生涯中与佛法有诸多之羁绊。《荷花五讲》也可看成叶先生的人生自述，于此书中，可概览先生与莲花及佛法之因缘际会。

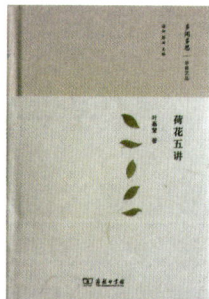

《荷花五讲》
商务印书馆 2015 年 9 月初版（精装）

《给孩子的古诗词》《给孩子的诗词》《给孩子的古诗词（讲诵版）》《给孩子的古诗词（注音版）》

    《给孩子的古诗词》共选录作品218首，从《诗经》选至清代高鼎，其中包括各体诗177首，词41首。叶先生指出，唯一编选原则就是要适合孩子的阅读兴趣和能力，对于只以刻画工巧取胜者不予选录，这和叶先生对诗词的评价标准是一致的。对于超出孩子认知水平者也不选录，所选诸篇对时代、作家、体裁等并未寻求一定比例之均衡。张静教授做了具体整理工作。2015年，中信出版社和香港牛津大学出版社同步出版了简繁体本，繁体本名为《给孩子的诗词》。2016年，中信出版社推出了《给孩子的古诗词（讲诵版）》，叶先生亲自朗读、吟诵，并对诗词四声平仄做了重点文字解读，同时在书中插入了52幅中国古代绘画作品，让本书内容更加丰富。2017年，大块文化出版公司在台湾出版了该版本的繁体本。2022年，中信出版社再次推出了《给孩子的古诗词（注音版）》。叶先生以文字、声音、画面为孩子们创造了中华诗歌的立体化感受，是一份难得的充满了文化气息的礼物。

《给孩子的古诗词》

中信出版社2015年9月初版（精装）

《给孩子的诗词》

牛津大学出版社2015年初版（精装）

《给孩子的古诗词（讲诵版）》

中信出版社2016年9月初版
（精装）

《给孩子的古诗词（讲诵版）》

大块文化出版社2017年9月初版
（平装）

《给孩子的古诗词（注音版）》（全3册）

中信出版社2022年7月初版（平装）

《与诗书在一起》

　　这是一本诗词记事手帐。诗词内容主要有两部分，一是叶嘉莹对十二首经典诗词的品读，二是叶嘉莹六十首诗词创作。该书初版为 2016 年。为庆祝南开大学百年华诞，2018 年该手账又重印了百年校庆函套定制本。在对生活的记录中，读者可以感受到诗词赋予时光的力量。

《与诗书在一起》
三联书店 2016 年 10 月初版（精装）

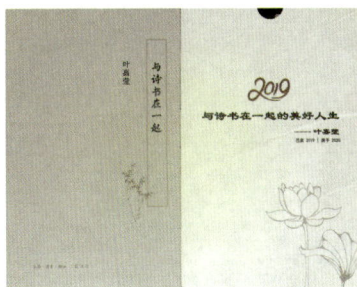

《与诗书在一起》
三联书店 2018 年 10 月二版（精装）

《我的老师顾随先生》

　　纪念顾随先生一百二十周年诞辰是本书出版之缘起。本书分为求学时代、感念师恩、薪火相传和解读赏析四章，并附叶嘉莹《西方文论与中国词学》和顾之京跋《跨越时空的师生情谊》二文。顾随先生所期望的乃是弟子的自我开悟，而不是墨守成规。他在课堂上经常鼓励学生说："见过于师，方堪传授；见与师齐，减师半德。"叶嘉莹是顾随羡季先生的传法弟子。书中能深刻感受到顾、叶二位大师间"师弟因缘逾骨肉"的师生情谊和文脉薪传。诗歌中兴发感动的生命在大师的学教间代有传承。传法如传灯，一灯传百灯，灯灯相传，其明不灭。

《我的老师顾随先生》
河北大学出版社 2017 年 5 月初版（精装）

《唐诗应该这样读》
《知人论诗——叶嘉莹带你读唐诗》

　　本书内容主要分为两个部分，其一为"追根溯源 走进诗歌"，以"唐诗的源流"切入，讲解诗歌的基本知识，介绍了唐诗的源起、诗歌评判标准、四声与平仄等；其二为"知人论诗，以诗解人"，对唐代 20 位诗人及其代表作品进行了介绍和解读，此部分标题应为编者所加。文后配有拓展阅读，将诗歌的知识、品读唐诗的方法娓娓道来。该书主要内容摘编自两部分，一为《迦陵论诗丛稿》，一为《迦陵说诗》系列中的说诗讲稿和关于唐诗部分的讲稿。经中华书局授权，2021 年天地图书公司出版了本书的繁体版，并将书名改为《知人论诗——叶嘉莹带你读唐诗》。此书可作为唐诗赏评的入门读本。

《唐诗应该这样读》
中华书局 2019 年 5 月初版（平装）

《知人论诗——叶嘉莹带你读唐诗》
天地图书公司 2021 年 8 月初版（平装）

《弱德之美——谈词的美感特质》
《性别与文化——女性词作美感特质之演进》

　　《弱德之美——谈词的美感特质》以词人、词史为线索，从文学体式、性别文化、历史世变等多方面探讨词体的美感特质，是作者关于"弱德之美"之专论、讲演、访谈的首次结集。全书主要分为三部分，第一部分为叶先生近年来以"弱德之美"为主题而撰写的论文及书序，第二部分为叶先生关于"弱德之美"的演讲辑录，第三部分附录为叶先生之友人及弟子研读"弱德之美"所撰写的相关论文及访谈。"弱德之美"是叶嘉莹先生词学理论的重要观点，是对词体美感特质提出的一种本质性说法，其所具含的乃是在强大之外势压力下，所表现的不得不采取约束和收敛的属于隐曲之姿态的一种美。凡被传统词评家所称述为"低徊要眇""沉郁顿挫""幽约怨悱"的好词，其美感之品质皆离不开"弱德之美"。

《弱德之美——谈词的美感特质》
商务印书馆 2019 年 6 月初版（精装）

《性别与文化——女性词作美感特质之演进》是叶先生对古代女性词人及其词作的专论。书中引入西方有关性别之论述，从女性语言与女性书写的角度，梳理了中国女性词作的美感特质演进之路：从早期的歌伎词到不成家数的良家妇女之哀歌，再到宋代李清照与朱淑真之略集大成，最后到明代特别是晚明花散千家而自成一别流。通过本书，读者不仅可以对古代女性词作中所蕴涵的追寻向往、苦难悲歌多一份理解与同情，更会对现代女性词作之能表现兴亡历史、时代关怀多一份倾心与尊敬。

《性别与文化——女性词作美感特质之演进》
商务印书馆 2019 年 6 月初版（精装）

　　关于二书出版之渊源，尚有前情。2007 年，叶嘉莹先生《词之美感特质的形成与演进》一书出版时，叶先生曾说，经过多年来思索和探讨，其对中国词体之特美形成与演进之经过已做了既较为完整深细，也较为理论化和系统化的说明。但在词学研究中仍有两点当待补充和完成：其一是关于弱德之美的特质；其二是对于女性之作品，则私意以为其美感特质之发展又别具另一途径，对这方面尚待系统的探讨。叶先生感慨："不过我已年逾八旬，体力日衰，而近年琐事又极为忙碌，极少有执笔写作之余暇，何日始能完成殊不可知。"而《弱德之美》《性别与文化》二书之出版完成，也足以了却先生词学研究之一桩心愿，也使先生中国词体美感特质之理论构建更为完整。

《四季读诗》

　　《四季读诗》乃叶嘉莹先生又一古诗词选本。本书一大特点可概括为与四时合其序。全书共收录上起秦汉、下至明清的160多首古诗词，以其时序物候主题等特征类为春夏秋冬四辑，并选配与意境相契合之书画，让读者能感悟别样的岁时风景与诗情画意。其中中华书局本为函套软精装，天地图书版为平装彩印，开本增大，排版更为疏朗。此书之缘起，乃2017年叶先生为中华书局所编《中华诗词日历》。

《四季读诗》
中华书局 2020 年 5 月初版（精装）

《四季读诗》
天地图书公司 2021 年 5 月初版（平装）

《几多心影——叶嘉莹讲十家词》

　　本书是叶嘉莹先生近年在北京、天津两地所做演讲的整理稿，讲述了唐五代至清代的温庭筠、韦庄、冯延巳、李煜、晏殊、欧阳修、柳永、苏轼、辛弃疾、朱彝尊等十位词作名家的作品风格特色及其所传达的感情品质。叶先生结合他们生活的历史背景、生平经历、性格学养、艺术才能，从解读作品的感发力量入手，为读者传达出词中生动、细致的生命与内涵。其中部分词作，由书法家萧丽手书，将中国古典诗词与书法作品结合，使读者更能体会中国传统文化之美。沈鹏先生为本书题签。

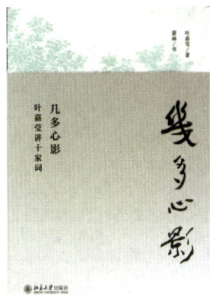

《几多心影——叶嘉莹讲十家词》
北京大学出版社 2020 年 1 月初版（平装）

《叶嘉莹手稿集》

　　本书汇集叶先生自 1938 年至 2008 年七十年间的习作、论文、杂文、诗词手稿五十五种，全书共十二册。这些手稿资料除叶先生本人提供外，来自南开大学迦陵学舍、中国台湾大学图书馆典藏，其中多数文章已陆续发表刊布，然而手稿则均属首次出版。书中汇集手稿多为叶先生在各个时期的代表性作品。本书特别收录了叶先生高中与大学时代的习作手稿，其中还有戴君仁、顾随先生等的评语，乃首度出版面世，是近代教育、学术史上极为珍贵的史料。透过这些墨迹，我们能更亲切直观地感受到叶先生的学术历程、创作思路和文字力量。

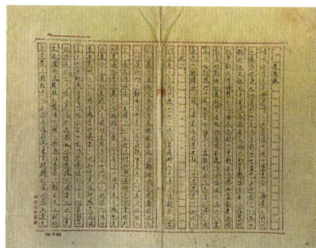

《叶嘉莹手稿集》（全十二册）
巴蜀书社 2020 年 10 月初版（平装）

《叶嘉莹手稿集》第一册内页

《迦陵各体诗文吟诵全集》

    2019 年教师节，时在病中的叶嘉莹出席了"叶嘉莹教授归国四十周年暨中华诗教国际学术研讨会"。在开幕式上，叶嘉莹讲到希望在康复以后，把古典诗词之吟诵整理出来，留给后来人。病愈后，叶嘉莹先生在中国楹联学会刘秦宜女士的协助下对相关吟诵作品进行了系统整理。本书整理吟诵文本共 14 种文体、310 篇诗文，以二维码形式收录叶先生吟诵录音。书前有叶先生序言介绍出版缘起，并附《谈古典诗歌中兴发感动之特质与吟诵传统》为绪论。广西师范大学出版社版为简体横排，上下两册，精装本。大块文化出版公司版为繁体竖排，单册平装。叶先生始终认为吟诵是诗歌传承一个极其重要的方面，并于此投入了大量精力，此前出版的《与古诗文交朋友》《给孩子的古诗词（讲诵版）》都是在吟诵推广方面之努力。本书称全集，足见叶先生对该书全面系统之整理的重视与肯定。

《迦陵各体诗文吟诵全集》（全二册）

广西师范大学出版社 2021 年 1 月初版（精装）

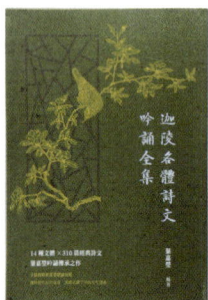

《迦陵各体诗文吟诵全集》

网路与书股份有限公司 2022 年 2 月初版（平装）

《兴于微言——小词中的士人修养》

　　兴于微言，以相感动，这是叶嘉莹从清朝文人张惠言《词选序》中所引用的词学观旨。《兴于微言——小词中的士人修养》包括六篇文稿：探求苏辛二家小词之微意，谈辛弃疾词一本万殊的成就，张惠言五首词中的儒家修养，陈曾寿其人与两首关于雷峰塔的小词，吕碧城五首词中所折射的独立之志，沈祖棻不让须眉的"学人之词"。从两宋之苏东坡、辛稼轩，至清之张惠言、陈曾寿，再到民国之吕碧城、沈祖棻，叶嘉莹在本书中透过一首首经典词作，将传统读书人于小词中折射出的隐忍持守、家国抱负尽数展现，诠释了"兴于微言"的词之特质，以及潜藏其中的士人修养。

《兴于微言——小词中的士人修养》

四川人民出版社 2021 年 11 月初版（精装）

《叶嘉莹读诵纳兰词全集》

叶先生是蒙古族裔满族人，与纳兰性德同宗。叶先生对纳兰词极为推崇，曾写过"我与纳兰同里籍"，并作《题纳兰性德〈饮水词〉绝句三首》。

其一

喜同族裔仰先贤，束发曾耽绝妙篇。

一种情怀年少日，吹花嚼蕊弄冰弦。

其二

混同江水旧知名，独对斜阳感覆枰。

莫向平生问哀乐，从来心事总难明。

其三

经解曾传通志堂，英年早折讵堪伤。

词心独具无人及，一卷长留万古芳。

纳兰萏《饮水词》绝句三首

曾向旗裔仰先贤，束发曾耽绝妙篇，一种
情怀年少日，「晚花蕤蕤异水绘」

混同江水万知名，千古英雄老冀兴，休向
平生问家乡，从来心事总难明。

经解曾传递志堂，英年遽折实堪伤，纵
横有词篇在，一卷长留万古芳。

陈凯歌先生俪鉴 如陵萏雁诗并书
毘陵 2021年五月 于南开大学

嘈嘈歌鉴

叶嘉莹手书《题纳兰性德〈饮水词〉绝句三首》

《叶嘉莹读诵纳兰词全集》是叶嘉莹先生以纳兰族裔身份，亲自读诵、审定全本纳兰词的一部图书。本书按词牌格律梳理 348 首纳兰词，将纳兰词进行入声字标注，刘子菲女士进行了全新注释。书中收录了叶先生《论纳兰性德词》一文，帮助读者从跨文化的视角全面解读纳兰性德的独特词心。

《叶嘉莹读诵纳兰词全集》（上、下卷）
中信出版社 2022 年 11 月初版（精装）

　　本书另一位作者刘子菲致力于弘扬纳兰文化，早年曾拜访叶先生，叶先生对此颇为首肯，还请友人书赠其创作的《题纳兰性德〈饮水词〉绝句三首》予以嘉勉。

　　值得一提的是，中信出版社还发布了"叶嘉莹的诗词人生"数字藏品。首批藏品选择了《浣溪沙》（谁念西风独自凉）和《金缕曲·赠梁汾》两首纳兰词中的代表性作品。藏品以视频方式呈现，叶嘉莹先生以传统的方式进行读诵，搭配由青年艺术家全新创作的水墨画来还原其意境。这是传统文化在数字时代的一种全新呈现与表达。

"叶嘉莹的诗词人生"数字藏品

《叶嘉莹作品集》相关版本之评述

  叶先生对作品出版之学术态度严肃认真，而对文集、作品集等之整理却并未上心。然叶先生的文字有着深厚的理论学养和感人的生命力量，能为先生出版作品集，对先生之学术有系统之整理，乃出版社打造精品、嘉惠学林之所共愿。有多家出版机构曾萌此想并玉其成，兹以出版年代为序刊列如下：三民书局《叶嘉莹作品》、河北教育出版社《迦陵文集》、桂冠图书公司《叶嘉莹作品集》、北京大学出版社《迦陵讲演集》、中华书局《迦陵说诗》、北京大学出版社《迦陵著作集》、大块文化公司《叶嘉莹作品集》，凡此七种。其中北京大学出版社《迦陵讲演集》、中华书局《迦陵说诗》两个系列已另文谈及，其余兹简述其要。

  1. 三民书局《叶嘉莹作品》。先生早年即与三民书局结缘，其所刊行之《迦陵谈诗》乃先生第一本诗学研究著作。三民书局为先生陆续出版之著作有五种：《迦陵谈诗》《迦陵谈诗二集》《清词选讲》《迦陵谈词》《好诗共欣赏》。1998年《好诗共欣赏》出版后，三民书局即以《叶嘉莹作品》为该五种作品冠名，并以统一之装帧设计成为系列。2016年、2020年，经三民书局授权，

三联书店、人民文学出版社先后出版了《叶嘉莹作品》（人民文学出版社之叶嘉莹作品为四种，未出版《迦陵谈词》一书）。这一系列中既有先生研究诗与词的理论著作，也有关于清词、陶杜李三家诗之讲录，也颇具代表性。但需要指出的是，叶先生并未以此作为其作品集。

《叶嘉莹作品》（全五册）

三民书局 2019 年（平装）

《叶嘉莹作品精选集》（全五册）

三联书店 2016 年 5 月初版（精装）

《叶嘉莹作品》（共四册）

人民文学出版社 2020 年 1 月初版（软精装）

2. 河北教育出版社《迦陵文集》。叶先生说："为我出版文集，河北教育乃首倡其先。"该文集1997年出版，共十册，有精装本和平装本。此文集之出版有赖时任社长王亚民之功，经顾随先生幼女顾之京及其同事谢景林之沟通介绍，亚民社长专赴天津与先生商研出版之事宜，以其果断敏捷之作风，拜访当日就签订了出版合同。叶先生将该著作文集定名为《迦陵文集》，并辑录顾随先生书法作为书名题签，既想借此表示对于授业恩师之教诲，也想表达对因顾随先生之渊源而促成文集出版诸友人的感谢之意。文集包括著作十种，根据内容可略分为三类。第一类，是关于诗词研究的理论性、学术性之著作，有《杜甫秋兴八首集说》《王国维及其文学批评》《迦陵论诗丛稿》《迦陵论词丛稿》《唐宋词名家论稿》《清词丛论》等六种；第二类是先生在各地讲演授课的文字讲录，有《古典诗词讲演集》《汉魏六朝诗讲录》《唐宋词十七讲》等三种；第三类仅一种，为《我的诗词道路》，主要是此前著作序跋的辑录，以此来展示叶先生诗词研究和创作的曲折道路，同时也收录了周汝昌、缪钺等学者相关评述性文字。2000年，河北教育出版社再版《迦陵文集》，重新设计相关封面，将系列名称改为《迦陵著作集》。同年，该社出版了叶先生的《迦陵诗词稿》单行本，补足了文集中没有古典诗词创作集的遗憾。

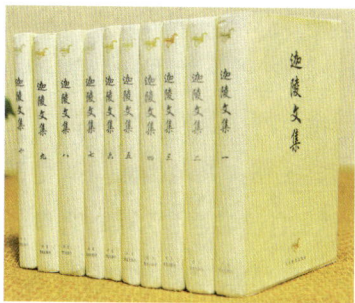

《迦陵文集》（全10册）

河北教育出版社1997年7月初版（精装）

《迦陵著作集》（全10册）

河北教育出版社2000年12月再版（平装）

3. 桂冠图书公司《叶嘉莹作品集》。1990年，叶先生受邀返台讲学，经学生介绍与桂冠图书公司负责人赖阿胜先生相识。1992—1994年，桂冠图书公司先后在《桂冠丛刊》中出版了近年在大陆出版而台湾未见的作品六种。其后，赖先生又提出了出版作品集之构想。这套作品集于2000年出版完成，共收录叶先生著作十八种共二十四册。桂冠将相关作品分为四辑，即创作集、诗词讲录、诗词论丛、诗词专著，此分类并未完全征得叶先生之同意。一是创作集。包括《我的诗词道路》《迦陵杂文集》《迦陵诗词稿》计三种三册。然我颇以为此种分类并不妥当，盖因为"创作"两字具有十分广泛之意义，而又并未在前冠以适当之说明，其范围难以有精准之概括。叶先生在序言中阐释了自己对这一分类的理解，或许是因此三种作品为与自己生活密切相关之叙写与表达，但这亦非创作之意也。《迦陵杂文集》为首次出版。二是诗词讲录。包括《汉魏六朝诗讲录（上、下）》《阮籍咏怀诗选讲》《陶渊明饮酒诗讲录》《唐宋词十七讲（上、下）》《迦陵说诗讲稿》《迦陵说词讲稿（上、下）》等六种九册。此集作品除《唐宋词十七讲（上、下）》《阮籍咏怀诗选讲》此前出版过，其他作品乃首次出版。该辑是较早且较为系统的先生讲录之整理。三是诗词论丛。有《清词散论》《词学新诠》《名篇词例选说》《唐宋名家词论集》《迦陵论诗丛稿（上、下）》《迦陵论词丛稿》，

《叶嘉莹作品集》（共十八种二十四册）

桂冠出版公司 2000 年 2 月初版（平装）

计六种七册，收录的是先生诗词研究的学术文稿。其中关于《唐宋名家词论集》的分类，先生序言中将其列入诗词专著一辑，似两种分类都有其道理。四是诗词专著。计有《杜甫秋兴八首集说》《王国维及其文学批评（上、下）》《迦陵学诗笔记（上、下）》，计共三种五册。关于《杜甫秋兴八首集说》《王国维及其文学批评（上、下）》《迦陵学诗笔记（上、下）》都另有专文介绍。另，此作品集乃请顾之京集顾随先生书法作为题签。

4. 北京大学出版社《迦陵讲演集》《迦陵著作集》。2007、2008 年，北京大学将叶先生近年文稿先后集结出版了《迦陵讲演集》与《迦陵著作集》。《迦陵讲演集》主要为先生在各地词学演讲之集录。《迦陵著作集》于 2008 年出版完成，共八本，初版为平装本，2014 年再版为精装本。窃以为《迦陵著作集》之选本颇受桂冠 2000 年版作品集之启发，可参考桂冠之著作分类略作梳理。北大版将

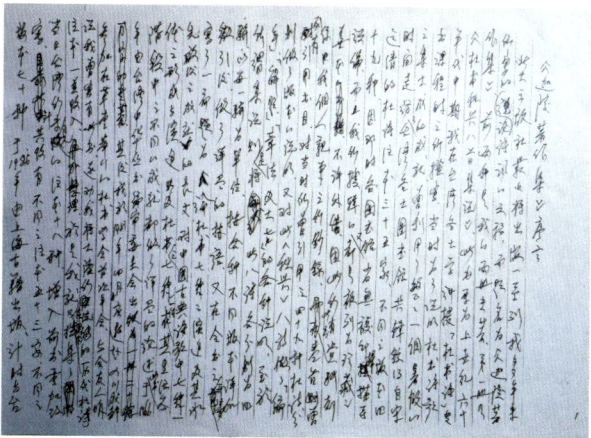

北京大学出版社《迦陵著作集》序言手稿

创作集之《迦陵杂文集》《我的诗词道路》合并为《迦陵杂文集》；将诗词论丛一辑除《名篇词例选说》外之五种全部纳入，并对各书文稿做适当之增补；收录了诗词专著一辑中《杜甫秋兴八首集说》《王国维及其文学批评》二书，并对《王国维及其文学批评》部分篇目进行调整。2020年，北京大学出版社出版了精装本《迦陵杂文集二辑》，收录了叶先生2008—2020年所写的文稿，并补充2008年之前所写文稿的两篇。北大版《迦陵著作集》选本精当、装帧精美，可兼得藏阅之妙。

《迦陵著作集》（全八册）

北京大学出版社2008年4月初版（平装）

《迦陵著作集》（全八册）

北京大学出版社2014年10月再版（精装）

5. 大块文化公司《叶嘉莹作品集》。2012、2013 年大块文化公司分两批出版了《叶嘉莹作品集》共十八种十九册，平装本，有单独设计之书箱。此后，大块文化又陆续出版了《红蕖留梦——叶嘉莹谈诗忆往》《人间词话七讲》《给孩子的古诗词》《美玉生烟：叶嘉莹细讲李商隐》等书，虽列入《叶嘉莹作品集》，但这几种图书都是单独装帧设计、各有特点，与此前《叶嘉莹作品集》风格极不统一。早在 2009 年之秋，叶先生便与大块文化公司董事长郝明义相识，并受其邀约做晚唐诗人李商隐之讲演。郝明义先生后来还曾专程到访南开拜谒先生，并表达为先生出版文集之意愿。大块版之《叶嘉莹作品集》是以桂冠 2000 年版作品集为底本，增加或参考了大陆新近出版之相关版本。若只从书名来看，固与旧日桂冠图书所出版诸书多有相合之处，但内容方面则根据相关主题有不少之增补。以大块 2013 年版进行比较，与桂冠版相同的有《杜甫秋兴八首集说》等十四种，需要说明的是《陶渊明饮酒诗讲录》因增加了拟古诗的部分，书名改为《陶渊明饮酒及拟古诗讲录》。因版权原因未出版者四种，包括《王国维及其文学批评》《清词散论》《词学新诠》《迦陵论词丛稿》，这几本书当是叶先生极富代表性的学术作品，没有收录在作品集中，当为较大之缺憾。本书增加之版本有四种，主要选自中华书局 2008 年版《迦陵说诗》丛书，具体包括《叶嘉莹说杜甫诗》《叶嘉莹说初盛唐诗》《叶嘉莹说中晚唐诗》等三种；除此之外，另出版了《中国古典诗歌的美感特质与吟诵》一书，

《叶嘉莹作品集》（全十九册）
大块文化出版公司 2012 年 12 月初版（平装）

这是叶先生在南开大学关于吟诵内容的演讲整理稿。

此外，如果说还有出版社出版了叶嘉莹先生的系列作品，但却未署以作品集名义的，那还要列入南开大学出版社出版的"南开跨文化交流研究丛书"。这套丛书是南开大学推动跨文化学术交流的重要成果。《迦陵诗词讲稿选辑》《中英参照迦陵诗词论稿》《叶嘉莹谈词》《唐宋名家词赏析》《多面折射的光影——叶嘉莹自选集》等叶先生的五部作品辑入该丛书。其中《迦陵诗词讲稿选辑》此前并未出版过，该书收录了关于陶渊明、李白、杜甫、李商隐、李煜、苏轼、辛弃疾和王国维等八位诗词作家的作品赏析。颇值一说的是，除王国维赏析一文为未刊稿外，其他名家作品赏析文稿分别摘编自《叶嘉莹说陶渊明饮酒及拟古诗》《叶嘉莹说初唐诗》《好诗共欣赏》《叶嘉莹说中晚唐诗》《唐五代名家词选讲》《北宋名家词选讲》《唐宋词十七讲》七本著作，可了解叶先生不同时期演讲之风格，足当"选辑"之名。

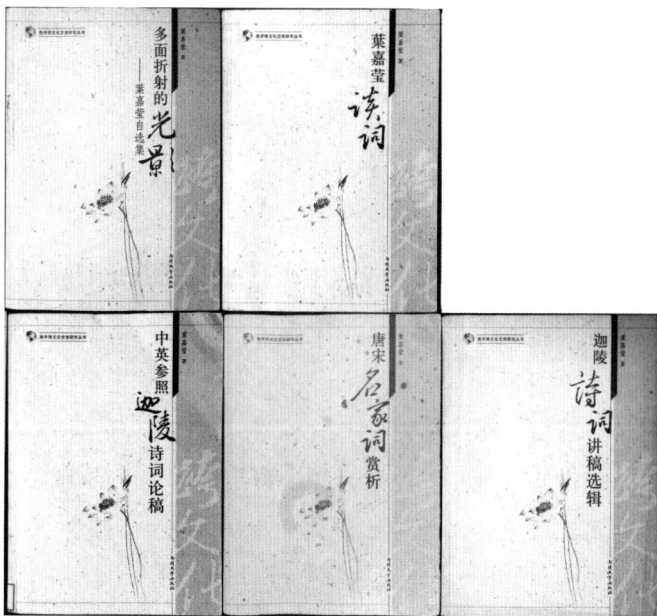

"南开跨文化交流研究丛书"（全五册）

南开大学出版社 2013 年 4 月初版（平装）

　　纵览相关叶嘉莹作品集之版本，虽各有特点，但却因出版年代或是版权原因等，收录皆有不全之处，不足以窥见全貌。以笔者经眼，为完整了解叶先生之学术成果，如出版新版本之叶嘉莹作品集，似可分为十集，姑妄加编排如下。

　　1. 迦陵诗词稿。主要为叶先生创作之诗词联曲集，中华书局版《迦陵诗词稿》可为底本。

　　2. 迦陵论诗集。主要包括叶先生关于诗的专著与评论文章。可以收录《杜甫秋兴八首集说》《迦陵论诗丛稿》等著作。

3. 迦陵论词集。主要包括叶先生关于词的专著与评论文章。可以收录《王国维及其文学批评》《唐宋词名家论集》《迦陵论词丛稿》《清词丛论》《词学新诠》《弱德之美》《性别与文化》等著作。

4. 迦陵讲录集。主要包括迦陵讲诗、迦陵讲词、迦陵讲赋等授课、演讲等的文字实录,以北京大学出版社《迦陵讲演集》、中华书局《迦陵说诗》等为基础,在内容结构上或可以朝代、作者、文体等为序作适当之编排。此集之篇幅规模当有十数册之巨。

5. 迦陵吟诵集。收录叶先生关于吟诵传承的相关文稿。可以收录《迦陵各体诗文吟诵全集》《中国古典诗歌的美感特质与吟诵》等著作。

6. 迦陵序跋集。收录迦陵自序及为友人所作序跋文字,可以北京大学出版社《迦陵杂文集》为底本,并作适当之增补。

7. 迦陵杂文集。收录《迦陵杂文集》中非序跋的文字及其他相关杂文稿。

8. 迦陵笔记集。收录叶先生听顾随先生诗文笔记整理文稿,北京大学出版社《传学》可为底本。

9. 迦陵忆往集。主要包括叶先生追忆诗词人生、谈诗忆往的回忆文字。可收录《我的老师顾随先生》《红蕖留梦》《沧海波澄》等书。

10. 迦陵书信选。收录迦陵与友人、弟子的相关书信,这对于展示先生学林交往、人生历程、学术脉络都有其独特价值。但此集目前尚未见相关之整理,需下较大之功夫。

　　"骥老犹存万里心。"期待叶先生以执着的信念、丰沛的热情继续不懈的书写和创造，也期待更为丰富完整的叶嘉莹作品集能付梓成书。当年，顾先生以叶先生为传法弟子，而今叶先生更以等身之著述来便弘诗教。《维摩诘经》说，有法门名无尽灯，汝等当学。无尽灯者，譬如一灯，然百千灯，冥者皆明，明终不尽。传法如传灯，诗歌中所蕴含着的中华文化的根脉与力量便是"无尽灯"，先生是知灯者、摆渡人，无数读者正在先生所开凿的道路中走进诗歌的国度，诗歌之美历久不衰，中华诗教大放光明。

10.《迦陵词萃 迦陵曲选》 广陵书社
2021。本书使用传统雕版工艺印制，包背装，
分《迦陵词萃》（上、下）《迦陵曲选》1册，
共3册。《词萃》半页十行十八字，《曲选》
半页六行十六字，白口，左右双边，单鱼尾，
有红印本、蓝印本、墨印本。先生亲自选目，
《迦陵词萃》《迦陵曲选》可谓词曲创作之
代表，尤能展现人生跌宕际遇下无改之诗心。
先生称此书"可入词林"。

11.《祖国行长歌》《迦陵论词绝句五十首》
二十一世纪出版社 2017。北京大学程郁缀
先生与叶嘉莹先生素有交谊，经程先生介绍，
周东芬用欧楷录《迦陵论词绝句五十首》，
用行书录《祖国行长歌》，书法与诗文诚可
谓珠联璧合、相得益彰。尤为难得的是袁行
霈先生为两本书亲笔题签，二位前辈自叶先

《灵谿词说》、《词学古今谈》、《灵谿词说
正续编》

叶嘉莹与缪钺两辈学人之知遇是当代词
林的一段佳话。1982年至1986年间，两位
先生合作撰写论词文章，拟定之体例乃将旧
传统之"论词绝句""词话"等体式与近代
之"词学论文""词史"等体式相融合。1987
年该书以《灵谿词说》为名在上海古籍出版
社出版，有精装本、平装本问世。除序言、
后记外，该书收录叶先生文章17篇，缪钺
先生文章22篇，对32位词人进行了精微之
品评。该书的撰写，得到了中国社科院和加
拿大社会人文科学研究理事会的支持赞助，
列为中、加文化交流科研项目。正中书局
1993本、2013本，除封面、开本调整外，
内容殊无变化。继合作撰写《灵谿词说》后，

年，叶先生受邀返台讲学，经学生介绍与桂
冠图书公司负责人赖阿胜先生相识。
1992-1994年间，桂冠图书公司先后在《桂
冠丛刊》中出版了近年在大陆出版而台湾未
见的作品6种。其后，赖先生又提出了出版
作品集之构想。这套作品集于2000年出版
完成，共收录叶先生著作18种共24册。桂
冠将相关作品分为四辑，即创作集、诗词讲
录、诗词论丛、诗词专著，编者曾撰文《叶
嘉莹著作阅藏之我见》颇叟茜芘发。一是创
作集，包括《我的诗词道路》《迦陵杂文集》
《迦陵诗词稿》计3种3册。然我颇以为此
种分类并不妥当，盖因"创作"两字具有十分
广泛的意义，而又并未在前冠以适当之定语
进行限制，其范围难以有精准之概括。叶先
生解释此3种作品为与自己生活密切相关之

序》《补跋》及相关单篇文稿。1992年，桂
冠出版公司出版了新修订的《王国维及其文
学批评》，首次将《补跋》收录其中，并增
收了《由<人间词话>谈到诗歌的欣赏》《论
王国维词：从我对王氏境界说的一点新理解
谈王国之评赏》等5篇论文，先生对"境界
说"的继承与发展由此更有拓展。但该版本
却未收录《后序》一文。若以全面而论，则当
以桂冠2000年版为最佳

叶嘉莹先生审改书稿手迹

附录

浅谈叶嘉莹先生著作的分类

孟子曰："颂其诗，读其书，不知其人，可乎？是以论其世也。"孟子的论述对中国古典文学阅读与评论产生了极为深刻的影响。但反过来讲，我们知其人，而不颂其诗、读其书，可乎？想来，答案同样也是否定的。

叶嘉莹先生穷其一生之力传承、传播中国古典诗词，被誉为中国古典文化的传灯人。随着《朗读者》节目播出、文学纪录片《掬水月在手》公映、感动中国 2020 年度人物颁奖，公众对镜头下的、屏幕上的、手机里的叶嘉莹先生都早已不再陌生，叶先生作为"诗词的女儿、风雅的先生"今已成为国民偶像。

叶嘉莹先生是古典文学集大成者，直至今日，先生虽已近百龄，依然道传无歇、笔耕不辍。叶嘉莹先生海内外出版著作 200 余种，可谓著作等身，让人惊叹。

为更好了解叶先生的著作，在读书与藏书之间寻得法门，对著作进行分类是一个较为基础性的工作，也是一窥先生学术思想的重要门径。对于如何分类，从版本研究的角度讲，可以有许多维度。比如从著述方式看，可分为独著、合著、编著等。从装帧形态看，可分为平装、精装、线装、经折装等。从出版地域看，可分为中国大陆、

中国港台、海外等。从出版机构看，可以分为中华书局、北京大学出版社、南开大学出版社、河北教育出版社、上海古籍出版社、台湾三民书局、台湾桂冠图书公司、台湾大块文化公司等等。应该说无论何种分类都可以从某一方面对叶先生的著作进行标识，且各有其意义。

学问、著述和人生是不可分割的一体。叶先生曾说："回想我平生走过的道路，是中国古典诗词伴随了我的一生。"诗词和先生相伴一生，无论是先生的研究著作，还是先生的学术人生，皆和诗词密不可分。因此，抓住诗词这一核心，将先生的著作分为四个板块，即诗词创作、诗词研究、诗词教育和诗词人生，似能更好把握叶先生的学问脉络。

一是诗词创作。主要是叶先生创作的诗词联曲等方面的著作。叶先生并不欲以诗人词人自居，但论其才情作品却是当之无愧的诗词大家。年少时"植本出蓬瀛"的诗作就足见其才情惊艳、清真秀逸，而中年之作则律细辞工、情深意切，晚岁之作则信手拈来、浑然天成。先生创作的诗词是一生饱经忧患的真实记录。读先生的诗词，能在兴发感动中感悟到文化的深沉力量，体会到先生历经劫难而又明心见性的圆满之路。叶先生第一部公开发表的诗词著作即《迦陵存稿》，由台湾商务印书馆 1969 年出版，此书列入王云五先生主编的《人人文库》。叶先生在纪录片《掬水月在手》中曾专门提及该书并说"这是我最早的诗集"。2000 年，叶先生审定的繁体版《迦陵诗词稿》在台湾桂冠图书公司出版。同年，河北教育出版社同步出版了简体版《迦陵诗词稿》，这是叶先生诗词首次在大陆出版。

2007年，中华书局在河北教育出版社《迦陵诗词稿》基础上出版了新一版《迦陵诗词稿》，后中华书局于2008年、2020年先后推出增订版。2012—2013年，台湾大块文化公司出版中文繁体版《叶嘉莹著作集》，其中也有新一版的《迦陵诗词稿》，对中华书局《迦陵诗词稿》2008年版又做了增订。其他诗词选本，比如，2007年，中侨互助会（加拿大）出版了《独陪明月看荷花——叶嘉莹诗词选译》，此书由加拿大籍陶永强先生选译，谢琰先生书法，后2017年由外语教学与研究出版社再版。该书书法行云流水，与英文翻译可谓珠玉相辉、文墨生香。此外，二十一世纪出版社《祖国长歌行》《迦陵论词绝句》，由周东芬书写，诗书俱佳；华东师范大学出版社《迦陵词稿注》，详解典故、笺注精微；广陵书社《驼庵迦陵师生酬唱集》，足见师生情谊、桃李芬芳；中华书局线装版《迦陵诗词稿》《叶嘉莹诗钞》、广陵书社《迦陵词萃 迦陵曲选》、线装书局《迦陵诗词联曲集》等都装帧典雅，颇具收藏价值。

二是诗词研究。主要是叶先生对历代诗词、文人的研究、阐释和解读方面的著作。叶先生说："诗之为用，是使读诗的人有一种生生不已的，富于兴发感动的不死的心灵。""兴发感动"说是叶嘉莹诗词批评理论的核心。以此为出发，叶先生对历代诗人、词人和历代诗词作品都有了自己独到的阐释。1966年，《杜甫秋兴八首集说》在中华丛书编委会出版，这是叶先生出版的第一本学术专著，后多次再版。该书收录杜诗七十余种版本，考订之精审、辨析之深微，殊不多见，在杜诗研究史上

是一部影响深远的鸿篇巨著。台湾纯文学出版社 1970 年出版的《迦陵谈词》、三民书局 1970 年出版的《迦陵谈诗》，这两本书是先生关于诗词研究系统性阐发的著作，先生融贯中西、会通古今的文学视野在书中初露端倪，书中对王国维《人间词话》境界说的阐释、对吴梦窗词的重新评价等，为传统诗词学研究开辟了一个新的道路。1977 年《王国维及其文学批评》在香港中华书局出版，先生从性格与时代论王国维学术源流，尝试以静安先生之心为心，来做一种还原式的探索。"鱼藻轩前留恨水，斯人斯世总堪叹。"叶先生自幼读《人间词话》，受静安先生影响颇深。缪钺先生曾评价叶先生说，"既精熟于故土之典籍，又寝馈于西方之著作，取精用宏，庶几能继王静安之后，今于词体更开一新境界"。（缪钺《迦陵诗词稿序》）上世纪 80、90 年代叶先生和缪钺先生先后合作撰写了《灵谿词说》与《词学古今谈》（《灵谿词说》之续编）两部书，是将"诗与文，创作与批评，旧传统与新论说"之完美结合的词学专著，其中《灵谿词说》于 1995 年荣获教育部"全国高等学校首届人文社会科学研究成果优秀成果"一等奖。后北京大学出版社将正续合刊，出版《灵谿词说正续编》，亦是一段文坛珠玉合璧之佳话。此外，上海古籍出版社《迦陵论词丛稿》、中华书局《迦陵论诗丛稿》、岳麓书社《中国词学的现代观》等书，均能阐发深微，独创新解。

三是诗词教育。主要是叶先生推动古典诗词教育方面的著作。叶先生曾说："我有两个心愿，一个是把自己对于诗歌中之生命的体会，告诉下一代的年轻人，一个是把真正的诗歌吟诵传给后世。"应该说，诗词教育难以完全从诗词研究中割裂出来，但叶先生终生致力于推动诗词大众化传播，因此把古典诗词选读赏析、诗词吟诵、演讲集录一类图书辟为一类，应是符合先生心意的。1996年叶先生与田师善先生合作，在天津人民出版社出版了《与古诗交朋友》，此书由田师善先生编选诗词并加以注释，叶嘉莹先生校订并逐首诵读吟唱，是一本难度适中、适合启蒙的唐诗读本。该书又先后在国家图书馆出版社、广西师范大学出版社再版。2014年叶嘉莹先生在中信出版社出版了《给孩子的古诗词》，以适合孩子阅读的兴趣和能力为遴选标准，选诗范围从先秦《诗经》、汉魏古诗到唐诗宋词元曲，篇目既精且广。后又亲自为孩子讲解、吟诵，推出了《给孩子的古诗词（讲诵版）》，更能触发青少年对古典诗词的兴趣爱好。最近广西师范大学出版社又推出了《迦陵各体诗文吟诵全集》，通过叶先生对各体诗文的吟诵示范，古典诗词研究者和爱好者能从中全面体会和学习传统吟诵的特点和方法，领略传统吟诵之美。同时，叶先生当年从顾随先生听课的系列学习笔记也已整理出版，中国人民大学出版社出版了《顾随诗词讲记》，北京大学出版社出版了《中国古典诗词感发》《中国古典文心》等等，透过这些文字，便能沿着先生当年求学的脚步迈入中国古典文脉的大堂。此外，三联书店《古诗词课》、中华书局《迦陵说诗》、北京大学出版社《迦陵说词》等系列著作，字里行间无不为我们通往诗词国度构筑了路标和灯塔。

四是诗词人生。主要是谈叶先生的人生历程。静安先生说"天以百凶成就一词人"。三联书店《红蕖留梦——叶嘉莹谈诗忆往》、中华书局《沧海波澄——我的诗词与人生》等书都勾勒了先生沉浮旷达的一生。先生以弱德持身，从容面对苦难，恰如诗词的起承转合，从中我们不仅能收获对先生历经苦难而诗心不改的崇敬，更能感受到中国诗歌兴发感动之生命力量。诗词已融入先生的生命，诗词与先生的人生交映生辉。河北大学出版社出版了叶先生追忆羡季师的作品《我的老师顾随先生》，先生回望求学岁月，传法如同传灯，顾先生与叶先生之间的诗词唱和及顾先生对叶先生的诗词批改中，展现了跨越时空的师生情谊。此外，还有三本书倾注了先生很多心血，颇获先生肯定：一本是叶先生博士熊烨编著《千春犹待发华滋：叶嘉莹传》（江苏人民出版社），二是由同名传记电影改编而来的《掬水月在手》（四川人民出版社），三是叶先生亲友弟子所写《为有荷花唤我来：叶嘉莹在南开》（中国大百科全书出版社）。这几本书都是对先生人生经历之不同维度的展示，特别是《为有荷花唤我来：叶嘉莹在南开》全景展现了叶先生40年来和南开的因缘际会，文章的作者绝大多数是叶先生早年在南开教过的学生，他们对许多亲身经历过的历史事实的追述翔实而又生动，是了解叶嘉莹先生在南开做育桃李、诗教弦歌的一本必不可少的著作。

高山仰止。我们虽无缘在叶先生座前聆听教诲，但有幸能在著作中感触迦陵妙音，亦足欣慰。大德者寿。愿叶先生再著新篇、嘉惠学林，传之后世、弦歌不辍。

叶嘉莹听顾随授课笔记整理版本浅说

　　顾随先生之成就让人惊叹。顾先生以有限之时间和精力，博通中外，于诗、词、散曲、戏剧、书法、禅学等诸方面皆有非凡之成就，更以爱国知识分子的担荷与坚贞，开坛弘法，传教育人，为我国学界培育了一批英杰。天不假年，先生刚过花甲之岁便魂归道山，魁星陨落，实乃吾国学界之巨大损失。

　　叶嘉莹先生是顾随先生的传法弟子，自 1942 年始，曾聆听羡季师讲授古典诗文将近 6 年之久。1948 年春，在叶嘉莹离平南下之际，顾随先生曾写诗云"分明已见鹏北起，哀朽感言吾道南"，希望叶先生"别有开发，能自建树"，成为"南岳下之马祖"，而不愿她成为"孔门之曾参"，文字间足见勉励之切、期许之深。几十年来，叶先生纵使漂泊萍寄、辗转艰辛，顾随先生的课堂笔记始终伴随身侧，恩师之教诲始终支撑叶先生踽踽前行，终于诗词研究、教育之领域取得极高之成就而享誉海内外。

　　1974 年，叶先生回国所听闻的竟是顾随先生逝世之噩耗，而顾随先生大多准备交付刊印之著作都在浩劫中散失无存。在万千遗憾悲痛中，叶先生与顾随之幼女之京联系，致力于搜集整理顾随之著作，使先生之莲华妙

法、精论要义能刊布传播,传未竟之志业,惠今日之学林。期间,叶先生更将自己当年的笔记交给顾之京整理。关于这些笔记,叶先生记述道:"我之所以在半生流离辗转的生活中,一直把我当年听先生讲课时的笔记始终随身携带,唯恐或失的缘故,就因为我深知先生所传述的精华妙义,是我在其他书本中所决然无法获得的一种无价之宝。古人有言'经师易得,人师难求',先生所予人的乃是心灵的启迪与品格的提升。"

在叶先生、顾之京和众同门的努力下,顾随先生的作品集得以重新面世,特别是《顾随全集》的整理出版,可谓出版界一盛事,足能让读者窥知先生德业之全貌,其为功岂浅显哉。关于顾随先生作品集之出版兹略述如下。

1. 1986年上海古籍出版社出版一卷本《顾随文集》。文集分上下两编,上编为词说和著述,下编为词、诗、杂剧选。《驼庵诗话》附于书后。1982年,叶嘉莹回国讲学之际,从加拿大带回八册当年的听课笔记,拟从中整理编订一部类如古代"诗话"式的著作,并嘱顾之京先生承担此项工作。之京先生曾写道:"我第一次见到这些嘉莹教授视同生命的笔记,每页页、每行行,密密地写满了流利清秀的钢笔小字,满满地记录着我父亲20世纪40年代的讲课内容。"这是顾之京整理叶嘉莹听课笔记之伊始。经顾之京摘录、誊写和叶嘉莹审定排序,最终七万字的《驼庵诗话》得以辑入1986年出版的《顾随文集》。该版本诗话总论部分八节,分论部分十八节。该诗话在《河北大学学报》1984年第2期刊发了"分论之部"四节。《驼庵诗话》编入《顾随文集》后，其增补部分以《驼庵诗话（续一）》为题在《河北大学学报》1986年第3期刊登。后之学者将《驼庵诗话》与《人间词话》并称"双璧"，其学术价值与诗坛影响可见一斑。顾随先生40年代曾将自己的卧室兼书斋名为"倦驼庵"，也常在自己的作品上署"驼庵"之名，这部论诗词的稿子恰是据他此时的讲课记录整理而成，就定名为《驼庵诗话》。2022年，上海古籍出版社再版《顾随文集》，《驼庵诗话》因版权原因不再辑入。

2. 2000年河北教育出版社出版《顾随全集》，分为创作、著述、讲录、书信日记等四卷。《驼庵诗话》辑入第三卷《讲录卷》，本卷辑入的讲录文稿除《驼庵诗话·续编》及《禅与诗》外，全部是依据叶嘉莹先生的听课笔记整理而成。

《顾随文集》
上海古籍出版社1986年1月初版（平装）

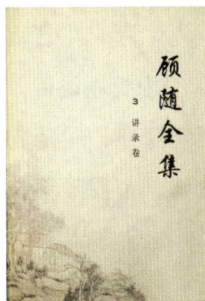

《顾随全集》第三卷《讲录卷》
河北教育出版社2000年12月初版（精装）

3. 在国家出版基金的资助下，2014 年河北教育出版社出版十卷本《顾随全集》，十卷分为：卷一词曲诗、卷二小说散文日记译作、卷三论著、卷四讲义、卷五传诗录一、卷六传诗录二、卷七传文录、卷八书信一、卷九书信二、卷十书法。《全集》卷五、六、七是在 2000 版讲录卷基础上扩展而成，主体内容仍以叶嘉莹先生笔记为主，并辅以刘在昭部分笔记内容。

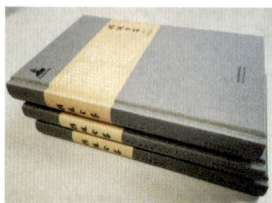

《顾随全集》之《传诗录》《传文录》
河北教育出版社 2014 年 6 月初版（精装）

在顾随作品集的出版中，叶先生授课笔记的整理成为其中的重要内容。这些内容除纳入顾随作品集外，也都曾以不同形式出版。以下仅就笔者知见之版本，略概述出版之渊源。

1.《顾羡季先生诗词讲记》，桂冠出版公司 1992 年版，平装本。《驼庵诗话》整理完成后，顾之京先生陆续整理了相关听讲笔记，1992 年，桂冠图书公司将顾之京先生所整理的课堂笔记出版为《顾羡季先生诗词讲记》。全书分为两编，第一编为驼庵诗话，第二编为驼庵说诗，收顾随关于诗词之文章十一篇。但因时空阻隔，顾随先生之成就竟不为台湾年轻一辈读者所认知，销售颇不如预期。2000 年，桂冠为叶先生重新编订《叶嘉莹作品集》，将《诗词讲记》加以改编，增加了顾随先生其他课程的

笔记，修订成两册《迦陵学诗笔记——顾羡季先生诗词讲
记（上、下）》。

《顾羡季先生诗词讲记》

桂冠出版公司 1992 年初版（平装）

2.《顾随：诗文丛论》，天津人民出版社 1995 年版，
平装本。自《驼庵诗话》整理完成后，顾之京以"说诗""说
文"的形式整理成关于唐宋诗、元曲、《文赋》、《论语》
等相关专题文稿，如《太白古体诗散论》《论王静安》等，
大部分文稿已在《顾羡季先生诗词讲记》中出版。该书
未收《驼庵诗话》，而是增加了《驼庵诗话续编》。据
顾之京先生记载，《驼庵诗话》整理后，叶嘉莹又分两
次将五册听课笔记、活页百余帧交付顾先生，除本书收
录之诗文论述外，又整理出诗话百余条。因系两次整理，
故编订为续编一、续编二。续编三则是依河北大学青年
教师萧雨生 1959 年听课笔记整理。1997 年先生百年诞辰
之际，此书又出版了增订本。增订本不仅纠正其中误漏，
还增补尚未辑入之文稿，叶先生之序文冠于卷首，赏析
文字一篇作为附录置于卷末。全书篇幅增加近十万字，
内容更为丰富。

《顾随：诗文丛论》
天津人民出版社 1995 年初版（平装）

《顾随：诗文丛论》
天津人民出版社 1997 年再版（平装）

3.《顾随诗词讲记》，中国人民大学出版社 2006 年版，平装本。本书分为驼庵诗话和驼庵说诗两部分。《驼庵诗话》部分依据河北教育出版社 2000 年版《顾随全集》整理而成，删除了《驼庵诗话续编》。诗话分为总论十四节、分论十八节、补编五节。其中补编部分四节出于驼庵诗话续编二，而续编一融入总论分论。说诗部分共十二篇文稿，十篇此前已收入《顾随：诗文丛论》。书前有叶先生文章《纪念我的老师清河顾随羡季先生》一文代序。该书 2010 年再版，对原书稿之字词、标点、印文等差误进行了校正，2010 年亦是顾随先生逝世五十周年，本书再版是一种最好的纪念。

《顾随诗词讲记》
中国人民大学出版社 2006 年初版（平装）

《顾随诗词讲记》
中国人民大学出版社 2010 年 9 月再版（平装）

4.《驼庵诗话》，天津人民出版社 2007 年版，平装本。此书并非《驼庵诗话》的单行本，而是以《驼庵诗话》为主，诗话部分收入《驼庵诗话续编》二则，并收录《驼庵论诗语录》《驼庵文话》《驼庵论学语录》。

《驼庵诗话》
天津人民出版社 2007 年初版（平装）

5. 《顾随讲坛实录》，北京大学出版社，全三册，精装本。上册《中国古典诗词感发》2012年出版，全书分为唐之编、宋之编、外编三部分，可以遥想顾随诗内诗外谈天说地之神思飞扬。中册《中国古典文心》2014年出版，全书分为四卷，分别为顾随先生关于《论语》、《文赋》、《文选》、文话的讲录，蕴含着深邃的人生哲理与灿烂的艺术火花。该书下册《中国经典原境界》2016年出版，为依据刘在昭笔记整理而成的顾随先生关于《诗经》、《文选》、唐宋诗的课堂讲录。

《顾随讲坛实录》（全三册）
北京大学出版社2012—2016年初版（软精装）

6. "顾随讲义系列丛书"，河北教育出版社2013年，平装本。本丛书共五册，包括《顾随讲古代文论》《顾随讲文心雕龙》《顾随讲论语中庸》《顾随讲诗经》《顾随讲文选》。其中《顾随讲论语中庸》为叶先生笔记，《顾随讲诗经》《顾随讲文选》为叶先生与刘在昭之听课笔记，《顾随讲古代文论》《顾随讲文心雕龙》为天津师范学院（河北大学前身）学生耿文辉1956—1957年聆听顾随先生讲授中国古典文学批评的听课笔记。顾之京先生为本丛书写了三篇后记，特别是追述了刘在昭和耿文辉的有关情况，

146

为我们全面了解顾随先生讲义整理起到了很好的补充作用。随着《说解〈中庸〉》(《顾随讲论语中庸》书稿的一部分)的整理结束,顾之京和女棣高献红以讲坛实录形式整理叶先生听课笔记的初步工作基本告竣,计得近百万字。叶先生赐名为《驼庵传诗录》与《驼庵传文录》。而后续的整理版本就是对叶先生笔记再完善的过程。

"顾随讲义系列丛书"
河北教育出版社 2013 年 1 月初版(平装)

7.《驼庵诗话》,三联书店 2013 年版,精装本。在《驼庵诗话》整理完成近 30 年后,该书首次以单行本形式问世。顾之京、高献红两位学者以中国人民大学出版社 2006 年版《顾随诗词讲记》中《驼庵诗话》为底本,对其再次修订,做了很多普及性的注释工作,使本书字数超过十二万字,面貌得以一新。《诗话》分为总论十六节、分论二十节、补编五节。2018 年,三联书店将该书再版。

《驼庵诗话》
三联书店 2013 年初版(精装)

《驼庵诗话》
三联书店 2018 年再版（精装）

8.《迦陵学诗笔记》，大块文化公司 2013 年版，平装本。此书为《叶嘉莹作品集》之一种，分上下两册，上册为诗学笔记，下册为词曲笔记。全书内容根据顾之京先生的整理进度得以再次扩充。

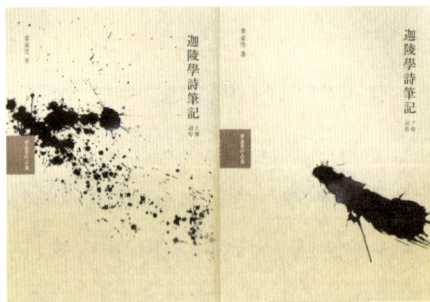

《迦陵学诗笔记（上、下）》
大块文化出版公司 2013 年 12 月初版（平装）

9.《驼庵传诗录》《驼庵传文录》，河北教育出版社 2014 年版，平装本。该书似可视为十卷本《顾随全集》之《传文录》《传诗录》的单行本，唯将其中刘在昭整理之相关内容删去。《传诗录》书后附有《驼庵诗话》《驼庵诗话补编》。

《驼庵传诗录》
河北教育出版社 2014 年初版（平装）

《驼庵传文录》
河北教育出版社 2014 年（平装）

10.《顾随中国古典诗文讲录》，河北教育出版社2018年版，精装函匣本。本套丛书共六种八册，分别为：《顾随讲诗经》《顾随讲曹操 曹植 陶渊明》《顾随讲唐宋诗（上、下）》《顾随讲论语 中庸》《顾随讲宋词》《顾随讲昭明文选（上、下）》。本套讲录是顾随先生40年代课堂讲录的全景呈现，是对叶嘉莹先生记录、保存的听课笔记的再次归类整理。特别是《顾随讲诗经》《顾随讲

《顾随中国古典诗文讲录》
河北教育出版社 2018 年初版（精装）

149

昭明文选》二种，将刘在昭先生相关之笔记加以整理补充，使讲录内容更为充实完整。

11.《传学》，北京大学出版社 2019 年版，精装本。本全涵盖了北京大学出版社《中国古典诗词感发》《中国古典文心》的全部内容。顾之京先生在本书后记中指出，该版本是其女棣高献红将已出版之全部文稿与叶嘉莹教授笔记原件逐字逐句进行对照，将其中缺失、疏误一一补正，并以中国文学的发展为序，对章节结构进行了重新调整。本书是叶嘉莹先生笔记"一字不落"的全本整理。顾之京先生指出，叶嘉莹先生笔记整理在版本内容上，此后不会再有任何变动，编者读者如需摘引，只以此本为准。"这是最后的定本"。

《传学》
北京大学出版社 2019 年初版
（精装）

12.《驼庵诗话》，北京大学出版社 2022 年版，彩色插图精装本。该书在三联书店 2018 版《驼庵诗话》基础上重新进行了篇章结构的安排，对相关文字、语句进行了修改，补正了原版本个别差误，并增加了相关注释。该书还选配了 150 余幅传统书画作为插图，辅以理解该书之意象。诗话结构不再设续编、补编等，定本分为总

《驼庵诗话》
北京大学出版社 2022 年初版（精装）

论和分论两部分，总论部分增为十八节，分论部分增为二十四节。顾之京先生以之为如《传学》之"最终定稿本"。

概北大版《驼庵诗话》出版完成距顾之京先生整理笔记最初之日已近四十年，而距叶先生最初课堂笔记之时已过八十载。叶先生保存之用心，之京先生与高献红女棣整理之恒勤，满是对顾随先生学术与人格之崇敬和仰止，让人极为感动。叶先生几经颠沛，贵重物品或弃或失，而此笔记却珍藏未曾去身。仅此一事，足见顾叶师生情谊之深沉真挚。此种重道尊师之美德，尤为今日之青年所应学习。纵览历年整理出版之成果，顾随先生之学术已便弘南北、代有传承，而顾随先生之著作更藏之名山、传之后世。研读这些文字，顾随先生传道授业之风范让人悠然神往，而其中叶嘉莹诗词研究之底蕴脉络也依稀可见。在顾随先生汪洋恣意充满生命力的讲录中，我们看见了中国文化生生不息的传承和脉搏所在。

纸短情重

——叶嘉莹与南开大学结缘的一段过往

"立德、立功、立言"三不朽是中国士人的崇高追求，叶嘉莹先生当是值得这样评价的。2005年，我在南开大学求学时，对先生只是有所耳闻，然而当我离开南开园后，才深深地感受到了叶先生的独特光芒，当初错失了许多向先生请益的机会，甚为遗憾，真是身在高山而不知山之高。因此，我常常研读先生著作，并注意收集先生一些代表性的图书版本。近来，偶得先生1991年12月16日写给母国光校长的信札一封，言及南开大学建设中的几件事，颇值得纪念。

母校长尊鉴：

月前，蒙校方为我举行盛大之聚会。窃恐声闻过情，深为感愧。嘉莹既已从加拿大退休，极愿以有生余年报效祖国。不久前，逢诵丰处长曾与我两次同至北京办事，想逢处长已将有关情况向您报告。此事仍需加紧办理，应可早日有成。

近阅报载，校长领导下之研究小组对于以黑白底片摄制彩色照有杰出成就，欣佩何以，仅此函贺，并祝新年万福。

叶嘉莹拜上

十二月十六日

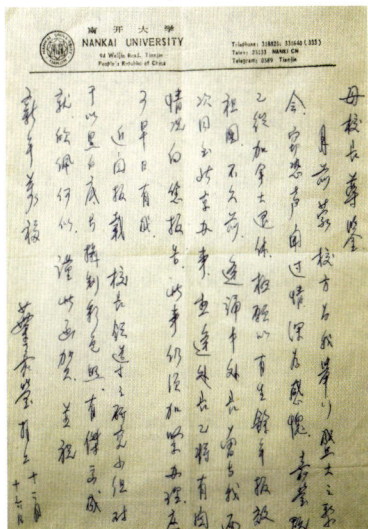

"月前，蒙校方为我举行盛大之聚会。窃恐声闻过情，深为感愧。"

1999 年，南开大学学报第 5 期刊载了叶先生的文章《诗歌谱写的情谊——伴随改革开放同步的我与南开二十年》，文中写道：1989 年我自不列颠哥伦比亚大学退休，1991 年当选了加拿大皇家学会院士。那一年我正应邀在台湾清华大学客座一年，并在台大、淡江和辅仁三校兼课。寒假中南开大学邀我来天津，由前一任校长滕维藻和当时的在任校长母国光两位先生共同主持，为我获得了加拿大学术界的最高荣誉，在东艺系的演艺厅举行了一次庆祝会。

信中所说的"盛大之聚会"，就是指在南开大学东方艺术中心举办的庆祝会。加拿大皇家学会院士是加拿大学术界的最高荣誉，足见海外对叶先生学术地位的尊崇。滕、母两位校长同时参加，如此之规格可见校方对叶先生之厚爱深情。所以叶先生说"窃恐声闻过情"，也是先生感到十分荣幸，又有几分自谦之词了。

"嘉莹既已从加拿大退休，极愿以有生余年报效祖国。不久前，逄诵丰处长曾与我两次同至北京办事，想逄处长已将有关情况向您报告。此事仍需加紧办理，应可早日有成。"

虽飘零在外，颠沛流离，但叶先生的一颗爱国之心始终赤诚。诗言志，文载道，"书生报国成何计，难忘诗骚李杜魂"。无论是诗中还是信中，都可见先生以文报国之一片丹心，矢志做中国古典文化的传薪者、点灯人。那么信中所谓"有关情况"究竟是指什么呢？我们也可以从《诗歌谱写的情谊——伴随改革开放同步的我与南开二十年》一文中找到端倪，接续前文引述："也就是从那时开始，南开就经由当时外事处的逄诵丰处长，通过我侄子言材与我商议，希望我在南开成立一个研究所。"我们大概可以判断，那个时候，庆祝会后南开大学校方力邀叶先生留在南开，两位校长也一定出面做了很多工作。那两次赴京又是指什么呢？

2012年4月24日，《中国教育报》刊登了《母国光：一生与光同行》一文。文中讲到母校长加强人才建设时，写道："为了能够聘任著名学者叶嘉莹，他们想方设法帮助解决了叶先生家在北京的一些产业问题。'当时的外事处处长真的很厉害呀'，母国光生前提起来还十分感慨。"

叶先生1924年出生于北京，祖居西城区察院胡同23

号。父母育有一女二子，叶嘉莹为长女。1948年，叶先生离开北京后，多年未回。1974年，叶先生在《迦陵杂文集》中记载，她从海外回国后，其居住的四合院已经成为大杂院。也许所谓叶先生产业问题应是指此四合院产权等问题。2003年，该四合院拆迁。2017年，叶先生将房产变卖，所得1080万元全部纳入迦陵基金，这是后话。

这样结合起来，我们大致能梳理出信中所说事情的脉络，在两位校长为叶先生举办盛会之后，诚邀叶先生退休后能在南开大学设立新的研究机构，继续学术生命，校方责成当时的外事处处长逄诵丰同志负责对接此事。逄处长不仅沟通学术建设事宜，还多次陪同叶先生赴京解决先生在京的产业问题。同时，叶先生在南开大学建立研究所一事也推进顺利。1992年，叶先生在南开大学创办中国文学比较研究所（1999年更名为中华古典文化研究所），1993年，她受邀担任研究所所长。

"近阅报载，校长领导下之研究小组对于以黑白底片摄制彩色照有杰出成就，欣佩何以，仅此函贺，并祝新年万福。"

黑白底片摄制彩色照这一项研究今天看来不足为奇，但当时在我国相对落后的国情下实在是一件大事。母校长回国后，于1982年在南开大学开始"用黑白胶片作彩色摄影"研究。1991年项目攻关成功。借此重大成果，母校长当选为中国科学院院士。新华社以"我国彩色摄影技术首创奇迹，黑白胶片作彩色摄影获成功，这项研究已步入实用阶段"为题发布消息，国内外许多重要报

刊进行了转载。该创举被评为1991年中国十大科技新闻之一。黑白感光片作彩色摄影技术及光学信息处理机成果后荣获1992年度国家技术发明二等奖。这是南开大学光学研究取得的又一次突破。叶先生对此的赞誉之情，溢于言表。

2015年10月，迦陵学舍落成启用之时，叶先生吟诵自己的旧作："结缘卅载在南开，为有荷花唤我来。修到马蹄湖畔住，托身从此永无乖。"这封信也是叶先生与南开大学三十载结缘开始的一份珍贵记录。"允公允能，日新月异"的南开精神始终闪耀着蓬勃的生命，也正是南开大学"知中国，服务中国"的宗旨成了叶先生书生报国的知音。南开大学百年华诞刚过，大学须有大师，而叶先生无疑是南开奋进新时代的重要基石。

祝愿叶先生健康长寿！

祝愿南开大学越来越好，再谱华章！

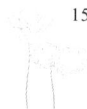

零笺碎锦忆当年

——记李霁野先生与叶嘉莹先生之交谊

2004年，是李霁野先生诞辰一百周年，上海鲁迅纪念馆组织编写了《李霁野纪念集》。其中，收录了叶嘉莹先生撰写的《纪念影响我后半生教学生涯的一位前辈学者》一文。文章平实而又深邃，质朴而又情真，记录了叶先生和霁老跨越了几十年的交往，抒发了对霁老的深切怀念。这些文字后来收录在《迦陵杂文集》等著作中。那么如文章题目所写，对叶先生后半生教学生涯的深远影响是什么呢，应就是在霁老的直接推动盛荐下，先生定居于马蹄湖畔，回南开终生执教。

李霁野先生是鲁迅的学生，作为著名的翻译家，他翻译了《简爱》《被侮辱与被损害的》等著作，成就斐然，后执教南开，是一位卓越的南开教授。1938年，李霁野先生进入辅仁大学西语系任教，三年后，叶先生考入辅仁大学国文系。霁老和羡季先生是好友，四年求学中，叶先生却一直未曾正式拜会霁老，可谓憾事。历史巧合的是，霁老和叶先生也曾先后到台湾任教，1949年3月，叶先生持顾随先生信函在台北拜望了李霁野先生。然而造化弄人，仅只匆匆一面，又因台湾之白色恐怖，李霁野先生仓促离台回到大陆，而叶先生则经历了台湾白色

恐怖中之种种苦难，谁也未曾想到，两位先生在隔了整整 30 年后才再次见面。

1978 年，叶先生提出了回国教书的申请。1979 年蒙国家答复，安排叶先生去北大教书。恰在此时，叶先生在报刊上看到了李霁野先生复出、目前在南开大学任外文系主任的消息。叶先生当时极感兴奋，就给霁老写了一封信，叙述了自台北晤别后 30 年来的种种变化，并告知了已被国家批准回国教书之事。霁老立即回信，说北大有不少老教授仍在，而南开则在"文革"的冲击后，很多老教授都不在了，所以很热情地邀叶先生来南开大学讲学。霁老是叶先生师长一辈的人物，又有着辅仁大学和台湾大学的因缘过往，叶先生便毫不犹豫来到了南开园。

再见面时，霁老已年逾古稀。从叶先生寥寥数笔的记录中，我们看见霁老虽步履蹒跚，但仍精神矍铄。三十年后阔别重逢，已是沧海桑田、物是人非。两位先生促膝长谈，让叶先生感到了霁老作为长者的许多关爱，这也是南开给叶先生最初的亲切之感吧。两位先生后来互赠诗文，记录了那阔别已久的重逢，高情厚谊，感佩不已。

叶先生向霁老赠诗：

　　　　欲把高标拟古松，几经冰雪与霜风。

　　　　平生不改坚贞意，步履犹强未是翁。

　　　　话到当年语有神，未名结社忆前尘。

　　　　白头不尽沧桑感，台海云天想故人。

维萬同志：

　　封上叶教授信，

请孝震了吞给她一

封信，说明她在南大

教学情况，实又却是，

你为礼过萬，了向中文

系一问。她是我推荐，

古任同志批准到这

的。

　　叶信请直接岑

去。给我信请远还。她

为英又强在北七封图

书馆，谢业由我岑。祝

好！

　　　　　　　　李霁野

　　　　　　　　12.28

霁老答诗:

> 一渡同舟三世修，卅年一面意悠悠。
>
> 南开园里重相见，促膝长谈疑梦游。
>
> 诗人风度词人心，传播风骚海外钦。
>
> 桃李满园齐赞颂，终生难忘绕梁音。

诗文中充满兴发感动之情，我们今日读到这些作品，仍能读出两位先生对台海故人所经历之冰雪霜风、前尘往事的追忆，也能看见两位先生历经磨难而意志坚贞的风度和他们作为诗人的风骨与人格。

文字中蕴含着历史，许些尘封的细节在文字中渐次展开。这里还有几纸短函，为我们一点点还原着当年的情景。

"维藻同志，转上叶教授信，请考虑可否给她一封信，说明她在南大教学情况，实事求是，你如不清楚，可向中文系一问。她是我推荐，大任同志批准约请的。叶信请直接寄去。给我信请退还。她的英文赠书我已转图书馆，谢函由我寄。祝好！李霁野12.28"这封短札具体年份应是1979年到1981年间，特别是对叶先生与南开的初见补充了更生动的细节。短札上说是"她是我推荐，大任同志批准约请的"。可见，对于请叶先生来南开，非是霁老一人之愿，而是南开校方对先生的真诚相邀。后来，吴大任副校长更是多次去聆听先生授课，几位校长都和叶先生建立了深厚的友谊。

南开图书馆给霁老的信函内容文字都十分庄重。此次叶先生给南开寄来的图书足有21册，多是英美文学研

南开大学图书馆
LIBRARY
NANKAI UNIVERSITY
Weijin Road 94, Tianjin
People's Republic of China

霽野教授赐鉴：收到转来叶嘉莹教授赠书廿一册（书目附）登编入藏时将于各书扉页上写明赠书者姓名及赠书时间。附上致叶嘉莹教授谢函一件，请转致。

此致
敬礼

谢芝坡

图书资料章
十二月廿日

究评论的重要著作，而那时远洋寄送图书的邮费十分高昂，足见先生对学校建设特别是对中文系的关心。南开大学图书馆在扉页上写明了叶先生姓名和赠书时间，不知复函叶先生是否收到，但这些书应该是仍在图书馆中

1. Beard, Monroe C. Aesthetic Inquiry: Essays on Art Criticism and the Philosophy.
2. Decker, Randall E. Patterns of Exposition.
3. Frye, Northrop. Anatomy of Criticism.
4. Frye, Northrop. Fables of Identity.
5. Frye, Northrop. The Secular Scripture: A Study of the Structure of Romance.
6. Denham, Robert D. Northrop Frye on Culture and Literature.
7. Ferrell, Wilfred A. Strategies In Prose.
8. Harari, Josue V. Textural Strategies: Perspectives in Post-Structuralist Criticism.
9. Holmes, Paul C. The Challenge of Conflict.
10. Hubenka, Lloyd J. The Design of Drama.
11. Jameson, Fredric. Marxism and Form.
12. Locke, Louis G. The Six Options For The 1970s.
13. Mackaey, Richard. The Structuralist Controversy.
14. Quinn, Edward. Lolavanto.
15. Satin, Joseph. Reading Literature: Stories, Plays, and Poems.
16. Scholes, Robert. Structuralism In Literature.
17. Shrodes, Caroline. Reading for Rhetoric.
18. Trilling, Lionel. The Opposing Self.
19. Trilling, Lionel. Sincerity and Authenticity.
20. Wasson, John M. Subject and Structure: an anthology for writers.
21. Watt, Ian. The Rise of the Novel.

惠及学子，永兹纪念。

叶先生返回加拿大后，也致信霁老。

"李先生，我回到温哥华已经一个多月，早就该给您写信问候。可是一则因为工作太忙，再则也

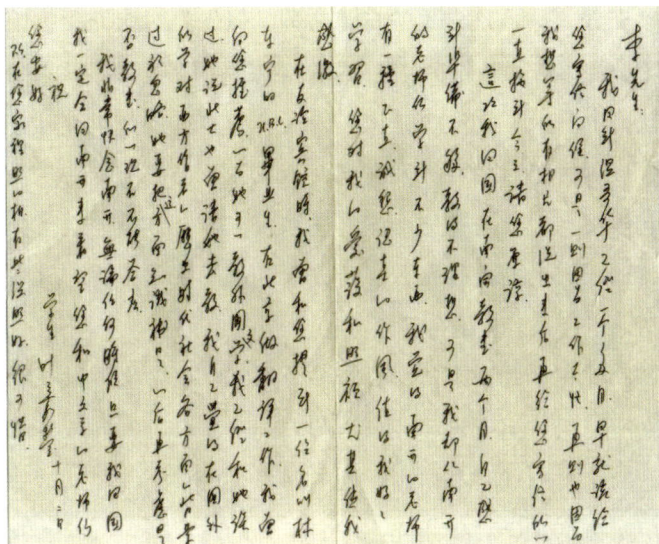

因为我想等所有相片都洗出来后再给您写信，所以一直拖到今天。请您原谅。这次我回国在南开教书两个月，自己感到准备不够，教得不理想，可是我却从南开的老师们学到不少东西，我觉得南开的老师有一种正直、诚恳、认真的作风，值得我好好学习。您对我的爱护和照顾尤其使我感激。

……

学生 叶嘉莹 十月二日"

这封信未落年份，但从行文内容来看，应该是写于来南开教学之初。我们知道叶先生最初来南开讲学，第一次是1979年两个月，第二次是1981—1982年五个月，从叶先生信中所述返加时间看，应可判断这是1979年第一次来南开授课后所写。先生自述课讲得不好，准备得

163

不充分，这当是先生的自谦之词。但先生对南开师生的赞誉溢于言表，先生说"南开的老师有一种正直、诚恳、认真的作风"，这也是南开人所一直秉持的作风。叶先生以学生自称，并提及霁老对其关照。当时霁老在生活起居及课业交通等方面多有垂顾及安排，让叶先生十分感动。霁老的关怀是否也让先生想起了羡季师呢，其中情愫也许只有先生自己知道了。

叶先生曾说道："而今，我不仅有了余生可以托身之所，而且更有志趣相投的师友同学，可以一同从事于诗骚李杜的欣赏和研读，则人间幸事何过于此。而这一切实在都源于当年李先生发自南开的对我一声呼唤。我对李先生的感念，自是终身不忘的。"叶先生之后所萌生留在南开的意愿，也许就是南开师生在那时合力种下的种子。叶先生是如此尊重自己的师长，而今天南开后辈编辑出版《为有荷花唤我来：叶嘉莹在南开》一书，也是对先生培植桃李、作育后学的尊重与感恩，是对师道薪火、南开精神的赓续与传承。

行文至此，不禁深心感动，因赋小诗，聊表敬意。

故土重回泪满襟，卅年无改是诗心。

荷花霁老同相唤，授业南开情意深。

心理东西本自同

——浅谈叶嘉莹《哈佛亚洲研究学报》三篇词学研究文章的学术贡献

诗歌是中国文化的独特名片，也是东西方文明互鉴的重要载体。叶嘉莹是中国古典诗词集大成的研究者、传播者，1969—1980 年，叶嘉莹先生先后在《哈佛亚洲研究学报》发表了三篇中国词学研究的论文，引领中国词学研究走入北美汉学视野。本文介绍了三篇文章写作出版有关情况，并略述其在词学研究方面的重要价值。

2021 年，叶嘉莹先生荣获第六届世界中国学贡献奖。在获奖感言中，叶嘉莹说起哈佛大学会议室挂着一幅对联"文明新旧能相益，心理东西本自同"，正是不同文明、文化间互相融合、互相促进，才使其有更丰富的内涵，中西文化的交流、结合、发展是非常重要的。

诗歌是在中国有着独特文化地位的表达方式，也是世界一切文明所共有的艺术形式与情感书写。中国的"词"具有更特别的文本特质，其美感更为要眇幽微。在汉学家海陶玮先生的帮助下，叶嘉莹以中西结合的文学批评视角，发表了多篇关于词学的英文论文，为西方学者、读者了解研究中国诗歌架起了一座桥梁。本文介绍叶嘉

莹在《哈佛亚洲研究学报》所撰写的关于"词"的论文，略述其撰写背景和主要内容，以期为梳理叶嘉莹词学研究之思想与文明互鉴之贡献提供一些启示。

一、叶嘉莹于北美词学研究开拓之积极贡献

《哈佛亚洲研究学报》（*Harvard Journal of Asiatic Studies*，以下简称 HJAS）是哈佛燕京学社所属期刊，创刊于 1936 年[①]。截止目前，官网已经更新该刊 2020 年第 80 期的出版信息。该刊主要刊载关于亚洲特别是中国古代历史、文化、宗教、语言、政治、艺术等各方面的优秀论著，也偶见关于中国近现代文学研究的文章。赵元任、顾颉刚、汤用彤、胡适、冯友兰、杨联陞、洪业、余英时、叶嘉莹、何炳棣、费正清（J. K. Fairbank）、海陶玮（James R. Hightower）、韩南（Patrick Hanan）、孔飞力（Philip kuhn）、傅汉思（Hans H. Frankel）等中国学者或西方汉学家都在此发表过研究成果。创刊 80 多年来，HJAS 在推动中美文化交流、引领西方汉学发展中发挥了重要作用，已成为北美汉学界乃至全球东亚研究的学术重镇。[②]

20 世纪 50 年代以来，美国的东亚研究重心逐步转向东亚各国的历史传统与人文思想，中国古代文学等成为美国汉学关注的的热点之一，而词作为中国文学

[①] https://www.jstor.org/journal/harvjasiastud

[②] 卞东坡：《中国古典文学研究的新视镜》，合肥：安徽教育出版社，2016 年，第 316—376 页。

的重要体式，逐渐进入汉学研究视野。邓肯·麦金托什（Duncan Mackintosh）和阿兰·艾林（AlanAlyling）编译了《中国词选》（*A Collection of Chinese Lyrics*, Chelsea House Publishers, 1965）、《中国词选续》（*A Further Collection of Chinese Lyrics and other poems*, Vanderbilt University Press,1969），两本图书选译唐至清代词作一百多首，并介绍了词在中国的发展历史，逐步开始了在英语国家对"词"这种独特文体的译介研究。

恰在此时，叶嘉莹先生以融贯中西的文学批评理论让中国词学研究进入西方汉学视野。1969年，叶嘉莹在HJAS发表了该刊创刊以来的第一篇中国词学论文。至1980年，叶嘉莹共发表了三篇词学研究论文，所载文章占该刊词学研究文章的近半数，而另外两位词学方面的主要作者海陶玮、方秀洁，一位是叶先生的学术合作伙伴，一位是叶嘉莹指导的博士生。叶先生的学生，施吉瑞（Jerry D. Schmidt）、陈山木（Robert S.chen）、梁丽芳（Laifang Leung）等人都成为北美中国诗词学研究的代表人物。耶鲁大学孙康宜教授认为："论词的观点与方法之东西合璧，这方面最具代表性的学者非叶嘉莹教授不作他想。"[①]美国汉学研究权威海陶玮教授对叶嘉莹的诗词造诣也极度赞赏，认为叶嘉莹是对中国诗词最敏感、最有学识的

---

① 孙康宜：《北美二十年来的词学研究——兼记缅因州国际词学会议》，载《中外文学》第20卷第5期，1991页。

学者之一①。叶嘉莹在北美汉学特别是诗词学研究中发其端、推其澜的影响可见一斑。

二、三篇英文论文发表出版之概说

叶嘉莹先生在 HJAS 发表的三篇文章的研究对象分别是吴文英、常州词派、王沂孙。具体篇名、期数、中文篇名等情况如下。文章发表时，对于人名、地名等翻译均使用韦氏拼音，后改为汉语拼音，本文暂保留发表时原貌。

1. Wu Wen-ying's Tz'u: A Modern View ［Vol. 29 (1969), pp. 53–92 (40 pages)］②（拆碎七宝楼台——谈梦窗词之现代观）；

2. The Ch'ang-chou School of Tz'u Criticism ［Vol. 35 (1975), pp. 101–132 (32 pages)］③（常州词派比兴寄托之说的新检讨）；

3. On Wang I-sun and His Yung-wu Tz'u ［Vol.40 (1980), pp. 55–91 (37 pages)］④（碧山词析论——对一位南宋古典词人的再评价）。

下面，逐一介绍相关论文写作出版的相关情况。

---

① James Robert Hightower, *The Poetry of T`ao CH`ien*, Oxford: Clarendon Press, 1970, Preface.Original text: "Professor Yeh Chia-ying, one of the most sensitive and informed readers of Chinese poetry I have ever know."

② https://www.jstor.org/stable/2718828 seq=1

③ https://www.jstor.org/stable/2718792 seq=1

④ https://www.jstor.org/stable/2718917 seq=1

（一）

1966 年暑假，在叶嘉莹赴密西根州立大学任客座教授之前，海陶玮盛邀叶先生先到哈佛大学开展合作研究。两位教授合作研究、共同探讨的主题有两个，海陶玮主要研究陶渊明的诗，叶嘉莹主要研究吴文英的词。据叶先生回忆，两个人交流主要使用英语，借此，叶先生不仅提高了口语水平，更是学会了许多用英语表述中国古典诗歌的语言，这为日后英语教学与研究都夯实了极其深厚的基础。吴文英的词，原是叶嘉莹在台湾大学的一次演讲主题。在这次讲演的基础之上，叶先生开始撰写有关吴文英词的论文。这篇论文是叶先生用中英掺杂的语言书写，由海陶玮帮助翻译修改完善，题目为 Wu Wen-ying's Tz'u：A Modern View，发表在 HJAS 1969 年第 29 期。

1967 年 1 月，美国学术团体协会（American Council of Learned Society）在百慕大岛（Bermuda island）举办中国文类研究国际会议（Studies in Chinese Literary Genres）。叶先生提交的就是这篇 Wu Wen-ying's Tz'u：A Modern View。在这次会议上，叶先生结识了牛津大学的霍克斯（David Hawkes）、耶鲁大学的傅汉思、哈佛大学的韩南等北美汉学界的同仁，正式走入西方汉学家视野。

1970 年，该文以《拆碎七宝楼台——谈梦窗词之现代观》为题，收录在台湾纯文学出版社《迦陵谈词》一书中。短短六年时间，该书就重印七版之多，可见影响之大。叶先生回国教书后，首次在中国大陆发表的学术论文，正是刊于1980年第1、2期《南开学报》的这篇谈梦窗词。叶先生对此文的重视，除其本身所蕴含的学术价值外，也必然因为文章背后这一段鹏飞云程的人生经历。

（二）

1967年暑假，叶嘉莹结束在密歇根州立大学客座后，继续回到哈佛大学与海陶玮先生开展合作。海先生继续研究陶渊明，叶嘉莹的研究重心开始从诗词作品转向诗词批评，致力于对王国维及其文学批评的研究。在海陶玮的帮助下，图书馆为叶嘉莹提供了晚间使用研究室的工作便利。每当夜幕降临，叶嘉莹便在哈佛燕京图书馆进行王国维的研究写作。研究王国维和清代词论，就要直面张惠言。王国维曾批评张惠言"深文罗织"，叶先生继承静安先生道统，在这一继承与批评中，也有着对常州词派理论的借鉴与吸收。由此，叶嘉莹撰写了 The Ch'ang-chou School of Tz'u Criticism，这篇论文经海先生协助翻译，刊发在 HJAS1975 年第 35 期。

1970 年美国学术团体协会再次在加勒比海维尔京岛（Virgin Islands）召开中国古典文论学术讨论会，叶先生所提交的论文就是这篇常州词派批评。会议期间，叶先生与吉川幸次郎、周策纵等的诗词唱和也成为一段佳话。后来，与会论文被李又安集结为《中国文学批评方法：从孔子到梁启超》(Chinese Approaches to Literature: from Confucius to Liang Ch'i-chao)，1978 年由普林斯顿大学出版社出版①。1977年，该文以《对常州词派比兴寄托之说的新检讨》为题，收入香港中华书局出版的《中国古典诗歌评论集》。

（三）

1969年，叶嘉莹接到哈佛大学的聘书，却因为签证问题未能成行，后辗转来到加拿大不列颠哥伦比亚大学亚洲学系任教，并成为该校的终身教授。每年暑假，叶先生都会去哈佛大学和海陶玮进行合作研究。1972—1976年之间，叶嘉莹陆续在美国和加拿大写成了《对〈人间词话〉中境界一词之意界的探讨》及《〈人间词话〉境界说与中国传统诗说之关系》二文。清代常州词派对碧山词（王沂孙，字碧山）极其推崇，有"问涂碧山，历梦窗、稼轩，以还清真之浑化""词味之厚，无过碧山"等评价。遍览《人间词话》，王国维先生仅在将文天祥与王沂孙、周密等人进行简单对比时提到了碧山，想来王国维对于碧山并无深爱，也并无深恶之感。恰如叶嘉莹所说，"王国维对碧山词陷入此种难以言其爱恶的尴尬境地"。②因此，研究王国维、张惠言的叶嘉莹进一步论及王沂孙。1977年，叶嘉莹在加拿大完成 On Wang I-sun and His Yung-wu Tz'u，该文发表在 HJAS1980年第40期。1981年，该文以《碧山词析论——对一位南宋古典词人

---

① 邹丽丹：《北美汉学视阈下的清代诗词研究》，吉林大学博士学位论文，2019年，第16页。

② 叶嘉莹：《迦陵论词丛稿》，上海：上海古籍出版社，1981年，第212页。

的再评价》为题，同吴文英、常州词派的论文一并收录于上海古籍出版社出版的《迦陵论词丛稿》。

叶先生对过去发表之文稿，一般注意保存其原貌，极少修改。她指出虽然过去作品中的所感、所思、所言都有不尽周全妥适之处，但却并未加以任何的删订和改写，"这些旧作在不同的时间、地域仍有其可以存留的意义"①。1998 年，哈佛大学出版社出版了海陶玮、叶嘉莹合著的 *Studies in Chinese Poetry*，收录叶嘉莹英文论文十三篇，海陶玮论文四篇，上述三篇英文论文全部收入其中。2014 年，南开大学出版了《中英参照迦陵诗词论稿》，实现了三篇论文中英文出版的合璧。对书名"中英参照本"而不称为"中英对照本"，叶先生指出，中西方的思维方式不同，中文和英文的句式文法也有很大的差异，因此论文的互译更重视整体意旨，而非拘泥于中英文语法之框架②。本文即据《中英参照迦陵诗词论稿》（南开大学出版社版）论析。

三、三篇英文论文的阅读与赏析

（一）谈梦窗词

古典诗词常有句法颠倒的情况。在诗中，就有"香稻啄馀鹦鹉粒，碧梧栖老凤凰枝"为例。以词人来说，

---

① 叶嘉莹：《迦陵论词丛稿》，上海：上海古籍出版社，1981 年，第 355 页。

② 叶嘉莹：《中英参照迦陵诗词论稿》，天津：南开大学出版社，2014 年，第 8 页。

最模糊晦涩不清且句法颠倒的就是吴文英。自南宋以来，梦窗词所得评价毁誉参半，甚至毁者尤多。对梦窗词的批评，流传最广的就是张炎在《词源》中所说"吴梦窗词如七宝楼台，眩人眼目。拆碎下来，不成片段"。而叶嘉莹独辟蹊径，提出梦窗词之运笔修辞与现代化的作风多有暗合之处。

叶嘉莹认为梦窗词某种程度摆脱了传统理性的羁绊束缚，并将其总结为两个特点——"时空错综"与"感性的修辞"。其一是时间与空间的交错杂糅，这样的叙写手法在现代西方的电影、小说及诗歌中颇为常见，颇有蒙太奇技艺应用之感；其二是修辞凭个人感性，不依循习惯用法，吴文英在用典上喜用冷僻典故，在用字方面喜欢自创新词，梦窗锐敏的感受与丰富的联想与艾略特等大家的写作极有契合之处。因此，叶嘉莹对梦窗词超越时代的创作精神便有了新的文学解读，认为梦窗词之七宝楼台拆碎下来，不仅不是"不成片段"，而是每一片段都有着勾连锁接之妙。叶嘉莹以《齐天乐·与冯深居登禹陵》《八声甘州·陪庾幕诸公游灵岩》为例，对"时空错综"与"感性的修辞"进行了深入阐释，令人耳目一新、深得其味。

（二）谈常州词派

清一代号称为词的中兴时代。常州词派代表人物张惠言等编辑《词选》，推尊词体，上比《风》《骚》，以比兴寄托为作词与说词之方法，影响深远。叶嘉莹对常州词派基础理论提出了鲜明的批评。张氏以"意内言外"四个字作为"词"的定义。叶嘉莹认为这是一种错误的说法，指出"意内言外"说的是"词语"的"词"，此乃东汉许慎早有之说法，与作为晚唐、五代以来兴起的韵文体式"词"原无任何关系。叶嘉莹认为，"词"实在应该是"曲子词"的简称，是歌词的意思，并无"意内言外"深意存乎其间，此为批评的第一点。张氏以词来比《诗经》。叶嘉莹认为词与《诗经》的产生时代、产生环境、采选入乐之目的均不相同，所以以"《诗》之比兴，变风之义，骚人之歌"来解说词，极为牵强附会，此为批评的第二点。张氏乃经学大家，推尊词体有其心理考量与治学思路蕴含其中，也有重振浙西、阳羡二派衰微趋势之意，主观之倾向形成理论之偏颇，此为批评的第三点。

　　同时，从比较现代的理论观点来看，叶嘉莹认为张氏比兴寄托之说仍有其成立的理由。同时，叶嘉莹对常州词派周济"意感偶发、假类毕达""赋情独深，逐境必寐"的观点表达了赞同，认为这种以情托物、因物移情的表达方式乃是古今中外共同的诗歌表现方式。因此，对于常州词派比兴寄托之说，不能全盘否定或全盘接受，而要善加选择。对此，叶嘉莹回答了比兴寄托的三个基本问题，即：第一，从词的演进发展来看，在词体初起之时，词人尚未具有比兴寄托的创作意图；第二，词中是否全部有比兴寄托之意，当以作者生平、叙写口吻、创作环境为判断依据；第三，比兴寄托之意既往往极难以确定，当分类解说，不能一概而论。诗歌在欣赏中有一部分作品原来是不可能给予确定的解说，也不需要给予确定的解说。诗歌的创作不在于事物描写，而在于意象表现。对于一词多意，周济和艾略特有着相通的表达。读者自可从诗歌的意象中引发个人的联想，读者有不同的联想就会产生不同的感受，这是西方文学新批评中的重要理论。

（三）谈碧山词

王沂孙，号碧山，南宋末年词人。碧山于两宋词人中声名不显，但在清代词学评论中获得了极高赞誉。叶嘉莹以"兴发感动之作用，实为诗歌之基本生命力"之观点来评价碧山词，认为，咏物寄托的词不以直笔书写，碧山词在透过咏物的思索安排中，给人沉郁顿挫之感，理解其晦涩之后，便能感受到词中所具有的兴发感动之力。叶嘉莹对碧山词《天香》（孤峤蟠烟）、《齐天乐》（一襟余恨宫魂断）进行了全面解读。碧山词在具体的表达技巧上，虽有用词晦涩之嫌，但仔细品，如《天香》"层涛蜕月"之"蜕"，实则"蜕"不仅生动表现层涛如鳞，而且更以鳞甲之蜕暗示了对吐涎之龙的联想。在句法和章法方面，碧山同样使用了错综的结构，既有在句法结构上的变化，也有人与物的交错叙述，使所欲表现的人与物实现了交融。

同时，结合碧山所处时代和身世经历，及其所运用的词汇和典故来看，我们可以对作品中的意象产生自然的联想，以此感悟碧山身经亡国之痛后，在词中寄托的家国兴亡之感。作者既不是以作谜语的方式去作词，读

者也不是用猜谜语的方式去读词。可以说，对于碧山词这样的解读，是完全以诗歌本身所具有的感发力量为依据，作者在写作中应是怀有着一种文字表面以外的感动，这种感动是写寄托之词的基本要素。

（四）余论

在对吴文英的批评中，叶嘉莹利用西方符号学、阐释学等文学批评理论，从语言结构出发，用"时空交错""联想"等概念来阐发词学之美感特质生成的机理，与中国古代文论相比更加重视语意的解读与阐释。在对常州词派的批评中，叶嘉莹对感情与物象的结合提出要以意象唤起人之感受，对脱离了感发之作用而是以思索和猜测的解读作者用心的方法提出了批评，寻找了东西方比兴寄托的理论关联。在对碧山词的评价中，叶嘉莹将"历史语境"引入对词的解读，弥补了语义学方法形式阐释的不足，结合宏观的社会历史背景与作者独特的人生经历，形成了对作品意象更为完整全面的解构。兴发感动是叶嘉莹诗词理论的核心观点。可以理解，影响兴发感动质量的，其一是作者内心情感中"能感之"的因素，恰如碧山亡国之思，其二则是与表现技巧相关的"能写之"的因素，如梦窗的七宝楼台。因此，若想要对作品、作者进行公允客观的评价，就需要对其感受之内容、写作之技巧、作者之经历、时代之背景有清楚的认识。

这三篇文章虽主题不同，但在诗词评价理论和实践中所运用的观点是相通的。优秀的作品，都该是内容情意与形式技巧的完美结合。诗歌，传达的是作者之兴发感动，形式技巧是重要的媒介载体。艺术形式之巧拙丰简与兴发感动之厚薄深浅，都是影响作品价值的重要因素。诗人欲表达精微锐敏的思想与感受，就应使用富于创造性的语言、精确的意象、严密的结构和贴切的事典，古今中外概不如此。细读这三篇文章，可以看到作者运用中西方融合的批评视角，开辟了一条解读"词"乃至中国传统诗词的现代化道路，对西方学者有着重要启迪，对本土读者也富有借鉴意义。

叶嘉莹著作版本目录[①]

可延涛　闫晓铮　编

中国出版

一

《迦陵论词丛稿》　　　上海古籍出版社，1980 年 11 月

《中国古典诗歌评论集》　广东人民出版社，1982 年 5 月

《王国维及其文学批评》　广东人民出版社，1982 年 9 月

《迦陵论诗丛稿》　　　　中华书局，1984 年 4 月

《灵谿词说》（精装）　上海古籍出版社，1987 年 11 月

《灵谿词说》（平装）　上海古籍出版社，1987 年 11 月

《杜甫秋兴八首集说》　上海古籍出版社，1988 年 2 月

《唐宋词十七讲》　　　岳麓书社，1989 年 2 月

《中国词学的现代观》　岳麓书社，1990 年 7 月

《诗馨篇》（上、下）　中国青年出版社，1991 年 10 月

《中国词学的现代观》（增订本）　岳麓书社，1992 年 7 月

《词学古今谈》（与缪钺合著）　岳麓书社，1993 年 2 月

《与古诗交朋友》（田师善编著，叶嘉莹审校/读诵）

　　　　　　　　　　天津人民出版社，1996 年 2 月

《阮籍咏怀诗讲录》　天津教育出版社，1997 年 6 月

《迦陵文集》（精装、平装，共十册）

　　　　　　　　　　河北教育出版社，1997 年 7 月

[①] 截至 2021 年 12 月。

《叶嘉莹说词》　　　　　　上海古籍出版社，1999 年 12 月

《迦陵诗词稿》　　　　　　河北教育出版社，2000 年 1 月

《多面折射的光影——叶嘉莹自选集》

　　　　　　　　　　南开大学出版社，2004 年 10 月

《迦陵论诗丛稿》（新版）　　中华书局，2005 年 1 月

《南宋名家词讲录》　　　天津古籍出版社，2005 年 2 月

《汉学名家书系·叶嘉莹自选集》

　　　　　　　　　　山东教育出版社，2005 年 5 月

《顾随诗词讲记》（叶嘉莹笔记）

　　　　　　　　中国人民大学出版社，2006 年 3 月

《名篇词例选说》　　　南开大学出版社，2006 年 9 月

《唐宋名家词赏析》（上、下）

　　　　　　　　　　南开大学出版社，2006 年 9 月

《迦陵讲演集：词之美感特质的形成与演进》

　　　　　　　　　　　北京大学出版社，2007 年 1 月

《迦陵讲演集：唐宋词十七讲》

　　　　　　　　　　　北京大学出版社，2007 年 1 月

《迦陵讲演集：唐五代名家词选讲》

　　　　　　　　　　　北京大学出版社，2007 年 1 月

《迦陵讲演集：北宋名家词选讲》

　　　　　　　　　　　北京大学出版社，2007 年 1 月

《迦陵讲演集：南宋名家词选讲》

　　　　　　　　　　　北京大学出版社，2007 年 1 月

《迦陵讲演集：清代名家词选讲》

　　　　　　　　　　　北京大学出版社，2007 年 1 月

《迦陵讲演集：迦陵说词讲稿》

北京大学出版社，2007 年 1 月

《迦陵说诗：叶嘉莹说汉魏六朝诗》

中华书局，2007 年 1 月

《迦陵说诗：好诗共欣赏——叶嘉莹说陶渊明杜甫李商隐
三家诗》　　　　　　　　　中华书局，2007 年 1 月

《迦陵说诗：叶嘉莹说阮籍咏怀诗》

中华书局，2007 年 1 月

《迦陵说诗：叶嘉莹说陶渊明饮酒及拟古诗》

中华书局，2007 年 1 月

《迦陵说诗：迦陵诗词稿》　　中华书局，2007 年 1 月

《迦陵论诗丛稿》（中国文库）　中华书局，2007 年 9 月

《迦陵说诗：叶嘉莹说杜甫诗》　中华书局，2008 年 1 月

《迦陵说诗：叶嘉莹说诗讲稿》　中华书局，2008 年 1 月

《迦陵说诗：叶嘉莹说初盛唐诗》中华书局，2008 年 1 月

《迦陵说诗：叶嘉莹说中晚唐诗》

中华书局，2008 年 1 月

《迦陵著作集：杜甫秋兴八首集说》

北京大学出版社，2008 年 4 月

《迦陵著作集：迦陵论词丛稿》

北京大学出版社，2008 年 4 月

《迦陵著作集：迦陵论诗丛稿》

北京大学出版社，2008 年 4 月

《迦陵著作集：唐宋词名家论稿》

北京大学出版社，2008 年 4 月

《迦陵著作集：王国维及其文学批评》

北京大学出版社，2008 年 4 月

《迦陵著作集：清词丛论》 北京大学出版社，2008 年 4 月

《迦陵著作集：词学新诠》 北京大学出版社，2008 年 4 月

《迦陵著作集：迦陵杂文集》

北京大学出版社，2008 年 4 月

《风景旧曾谙——叶嘉莹谈诗论词》

广西师范大学出版社，2008 年 6 月

《叶嘉莹谈词》　　　　南开大学出版社，2010 年 2 月

《迷人的诗谜——李商隐诗》

文化艺术出版社，2010 年 4 月

《叶嘉莹诗文选集》　中国文联出版社，2010 年 8 月

《名篇词例选说》　　　北京出版社，2012 年 1 月

《迦陵诗词曲联选集》　　线装书局，2012 年 4 月

《唐宋名家词赏析》　南开大学出版社，2013 年 4 月

《多面折射的光影——叶嘉莹自选集》

南开大学出版社，2013 年 4 月

《迦陵诗词讲稿选辑》　南开大学出版社，2013 年 4 月

《叶嘉莹谈词》　　　南开大学出版社，2013 年 4 月

《中英参照迦陵诗词论稿》

南开大学出版社，2013 年 4 月第一版

《红蕖留梦——叶嘉莹谈诗忆往》（叶嘉莹口述，张侯萍撰写）

生活·读书·新知三联书店，2013 年 5 月

《迦陵词稿注》（程滨注）

华东师范大学出版社，2014 年 4 月

《人间词话七讲》　　　　　北京大学出版社，2014 年 5 月

《古典诗歌吟诵九讲》（附光盘）

　　　　　　　广西师范大学出版社，2014 年 5 月

《与古诗交朋友》（田师善编注，叶嘉莹校订）

　　　　　　　广西师范大学出版社，2014 年 5 月

《中英参照迦陵诗词论稿》（上、下）

　　　　　　　　南开大学出版社，2014 年 5 月

《迦陵诗词稿》（线装本）

　　　　　　　　　中华书局，2014 年 5 月

《迦陵著作集：杜甫秋兴八首集说》（函装本）

　　　　　　　北京大学出版社，2014 年 10 月

《迦陵著作集：迦陵论词丛稿》（函装本）

　　　　　　　北京大学出版社，2014 年 10 月

《迦陵著作集：迦陵论诗丛稿》（函装本）

　　　　　　　北京大学出版社，2014 年 10 月

《迦陵著作集：唐宋词名家论稿》（函装本）

　　　　　　　北京大学出版社，2014 年 10 月

《迦陵著作集：王国维及其文学批评》（函装本）

　　　　　　　北京大学出版社，2014 年 10 月

《迦陵著作集：清词丛论》（函装本）

　　　　　　　北京大学出版社，2014 年 10 月

《迦陵著作集：词学新诠》（函装本）

　　　　　　　北京大学出版社，2014 年 10 月

《迦陵著作集：迦陵杂文集》（函装本）

　　　　　　　北京大学出版社，2014 年 10 月

《灵谿词说正续编》（缪钺、叶嘉莹合著）

北京大学出版社，2014 年 11 月

《名篇词例选说》　　　　　北京出版社，2014 年 12 月

《叶嘉莹说初盛唐诗》（录音光碟）

中华书局，2015 年 1 月

《叶嘉莹说中晚唐诗》（录音光碟）

中华书局，2015 年 1 月

《叶嘉莹说汉魏六朝诗》（录音光碟）

中华书局，2015 年 1 月

《叶嘉莹说陶渊明饮酒及拟古诗》（录音光碟）

中华书局，2015 年 1 月

《叶嘉莹说杜甫诗》（录音光碟）　中华书局，2015 年 1 月

《叶嘉莹说诗讲稿》（录音光碟）

中华书局，2015 年 1 月

《当代中华诗词名家精品集·叶嘉莹卷》

中国青年出版社，2015 年 1 月

《小词大雅》　　　　　北京大学出版社，2015 年 3 月

《荷花五讲》　　　　　　商务印书馆，2015 年 9 月

《给孩子的古诗词》　　　中信出版社，2015 年 9 月

《迦陵谈词》（精装本）

生活·读书·新知三联书店，2015 年 11 月

《好诗共欣赏》

生活·读书·新知三联书店，2016 年 5 月

《清词选讲》

生活·读书·新知三联书店，2016 年 5 月

《迦陵谈诗》

生活·读书·新知三联书店，2016 年 6 月

《迦陵谈诗二集》

生活·读书·新知三联书店，2016 年 6 月

《给孩子的古诗词（讲诵版）》

中信出版社，2016 年 10 月

《我的老师顾随先生》　河北大学出版社，2017 年 5 月

《独陪明月看荷花——叶嘉莹诗词选译》

外语教学与研究出版社，2017 年 6 月

《唐宋词十七讲》（精装本）

北京大学出版社，2017 年 8 月

《沧海波澄》　　　中华书局，2017 年 11 月

《古诗词课》

生活·读书·新知三联书店，2018 年 1 月

《叶嘉莹诗钞》（线装）　　中华书局，2018 年 7 月

《叶嘉莹：爱上古诗词的九堂课》

广西师范大学出版社，2018 年 7 月

《美玉生烟：叶嘉莹细讲李商隐》

北京大学出版社，2018 年 7 月

《叶嘉莹谈词》　　长江文艺出版社，2019 年 5 月

《唐诗应该这样读》　　中华书局，2019 年 5 月

《弱德之美——谈词的美感特质》

商务印书馆，2019 年 6 月

《性别与文化——女性词作美感特质之演进》

商务印书馆，2019 年 6 月

《迦陵讲赋》　　　　　　　　中华书局，2019 年 7 月

《中英参照迦陵诗词论稿》（上、下）

　　　　　　　　外语教学与研究出版社，2019 年 8 月

《红蕖留梦——叶嘉莹谈诗忆往》（增订一版）

　　　　　　　生活·读书·新知三联书店，2019 年 9 月

《迦陵诗词稿》（增订版）　　中华书局，2019 年 12 月

《多面折射的光影——叶嘉莹自选集》

　　　　　　　　　　　人民出版社，2019 年 12 月

《好诗共欣赏：陶渊明、杜甫、李商隐三家诗讲录》

　　　　　　　　　人民文学出版社，2020 年 1 月

《清词选讲》　　　　　　人民文学出版社，2020 年 1 月

《迦陵谈诗》　　　　　　人民文学出版社，2020 年 1 月

《迦陵谈诗二集》　　　　人民文学出版社，2020 年 1 月

《几多心影——叶嘉莹讲十家词》

　　　　　　　　　北京大学出版社，2020 年 1 月

《迦陵杂文集二辑》　　　北京大学出版社，2020 年 5 月

《叶嘉莹诗文选集》　　　中国书籍出版社，2020 年 7 月

《驼庵迦陵师生酬唱集》（线装）

　　　　　　　　　　广陵书社，2020 年 9 月

《叶嘉莹手稿集》　　　　巴蜀书社，2020 年 10 月

《迦陵各体诗文吟诵全集》

　　　　　　　广西师范大学出版社，2021 年 1 月

《迦陵词萃迦陵曲选》（线装）　广陵书社，2021 年 5 月

《红蕖留梦——叶嘉莹谈诗忆往》（增订二版）

　　　　　　　生活·读书·新知三联书店，2021 年 7 月

《兴于微言——小词中的士人修养》

四川人民出版社，2021 年 11 月

二

《夏完淳》　　　　　　　　台湾幼狮出版社，1954 年

《杜甫秋兴八首集说》

　　　　"国立编译馆"中华丛书编审委员会，1966 年 4 月

《迦陵存稿》　　　　台湾商务印书馆（人人文库 1256 分册），

　　　　　　　　　　1969 年 12 月初版，1982 年 12 月二版

《迦陵谈诗》（一、二）　台湾三民书局，1970 年 4 月初版

《迦陵谈词》　　　　台湾纯文学出版社，1970 年 11 月再版

《迦陵谈诗》（一）　　台湾三民书局，1971 年 2 月再版

《迦陵谈诗》（二）　　台湾三民书局，1971 年 2 月再版

《迦陵谈词》　　　　　台湾纯文学出版社，1974 年五版

《迦陵谈词》　　　　台湾纯文学出版社，1975 年 7 月六版

《迦陵谈诗》（一）　　台湾三民书局，1977 年 3 月再版

《迦陵谈诗》（二）　　台湾三民书局，1977 年 4 月三版

《迦陵谈诗》（一）

　　　　　　台湾三民书局，1980 年 12 月三版（二册）

《迦陵谈诗》（二）　　台湾三民书局，1980 年 12 月四版

《迦陵论词丛稿》　　　　明文书局，1981 年 9 月

《中国古典诗歌评论集》　　　纯真出版社，1983 年 4 月

《迦陵谈诗》（二）　　台湾三民书局，1984 年 1 月五版

《迦陵谈诗二集》　　台湾东大图书公司，1985 年 2 月

《迦陵谈诗二集》　　　台湾三民书局，1985 年 2 月初版

《唐宋词名家论集》　　　台湾国文天地，1987 年

《中国词学的现代观》　台湾大安出版社，1988 年 12 月

《唐宋名家词赏析》（共四册）台湾大安出版社，1988 年

《中国古典诗词评论集》　台湾桂冠图书公司，1992 年

《唐宋词十七讲》　　　台湾桂冠图书公司，1992 年

《王国维及其文学批评》（增订本）

　　　　　　　　　台湾桂冠图书公司，1992 年

《词学古今谈》（与缪钺合著）

　　　　　　万卷楼图书有限公司，1992 年 10 月

《迦陵谈诗》（一）　台湾三民书局，1993 年 8 月第六版

《灵谿词说》（与缪钺合著）　台湾正中书局，1993 年

《杜甫秋兴八首集说》　台湾桂冠图书公司，1994 年

《清词选讲》　　　　台湾三民书局，1996 年

《清词名家论集》（与陈邦炎合著）

　　　台湾"中央研究院"文学哲学研究所，1996 年

《迦陵谈词》　　　台湾三民书局，1997 年 2 月

《迦陵谈词》（重印）　　　台湾三民书局，1997 年

《好诗共欣赏》　　　台湾三民书局，1998 年

《唐宋名家词赏析》（共四册）台湾大安出版社，1998 年

《叶嘉莹作品集》（共二十四册）

　　　　　　　台湾桂冠图书公司，2000 年 2 月

《迦陵学诗笔记——顾羡季诗词讲记》（上、下）

　　　　　　　台湾桂冠图书公司，2001 年

《诗词的美感》　台湾"中央研究院"，2003 年 1 月

《迦陵谈诗》（二版一刷）

　　　　　　台湾东大图书公司，2005 年 10 月

《清词选讲》（初版二刷）

　　　　　　台湾三民书局，2006 年 3 月修正

《照花前后镜——词之美感特质的形成与演进》

　　　　　　台湾清华大学出版社，2007 年 5 月

《迦陵谈诗》　　　台湾三民书局，2010 年 10 月三版

《迦陵谈诗二集》　　台湾三民书局，2010 年 10 月二版

《南宋名家词讲录》　台湾清华大学出版社，2010 年 11 月

《王国维及其文学批评》（上、下）

　　　　　　台湾清华大学出版社，2011 年 10 月初版

《唐五代名家词选讲》

　　　　　　台湾清华大学出版社，2011 年 10 月初版

《汉魏六朝诗讲录》

　　　　　　台湾大块文化出版公司，2012 年 12 月

《阮籍咏怀诗讲录》

　　　　　　台湾大块文化出版公司，2012 年 12 月

《陶渊明饮酒及拟古诗讲录》

　　　　　　台湾大块文化出版公司，2012 年 12 月

《叶嘉莹说杜甫诗》

　　　　　　台湾大块文化出版公司，2012 年 12 月

《杜甫秋兴八首集说》

　　　　　　台湾大块文化出版公司，2012 年 12 月

《叶嘉莹说初盛唐诗》

　　　　　　台湾大块文化出版公司，2012 年 12 月

《叶嘉莹说中晚唐诗》

台湾大块文化出版公司，2012 年 12 月

《迦陵说诗讲稿》 台湾大块文化出版公司，2012 年 12 月

《迦陵论诗丛稿》 台湾大块文化出版公司，2012 年 12 月

《迦陵说词讲稿》 台湾大块文化出版公司，2013 年 9 月

《名篇词例选说》 台湾大块文化出版公司，2013 年 9 月

《唐宋词十七讲》 台湾大块文化出版公司，2013 年 10 月

《唐宋词名家论稿》

台湾大块文化出版公司，2013 年 10 月

《我的诗词道路》 台湾大块文化出版公司，2013 年 11 月

《迦陵杂文集》 台湾大块文化出版公司，2013 年 11 月

《迦陵诗词稿》 台湾大块文化出版公司，2013 年 12 月

《中国古典诗歌的美感特质与吟诵》

台湾大块文化出版公司，2013 年 12 月

《迦陵学诗笔记》（上、下）

台湾大块文化出版公司，2013 年 12 月

《迦陵谈诗二集》 台湾三民书局，2014 年 5 月二版二刷

《红蕖留梦——叶嘉莹谈诗忆往》

台湾大块文化出版公司，2014 年 5 月

《人间词话七讲》

台湾大块文化出版公司，2015 年 1 月

《给孩子的古诗词（讲诵版）》

台湾大块文化出版公司，2017 年 9 月

《迦陵谈诗二集》 台湾三民书局，2019 年 1 月三版

《迦陵谈诗》 台湾三民书局，2019 年 1 月四版

《美玉生烟——叶嘉莹细讲李商隐》

台湾大块文化出版公司，2019年12月

《中国词学的现代观》 台湾大学出版中心，2021年11月

《唐宋名家词赏析》 台湾大学出版中心，2021年12月

三

《中国古典诗歌评论集》 香港中华书局，1977年

《王国维及其文学批评》 香港中华书局，1980年6月

《风景旧曾谙——叶嘉莹说诗谈词》

香港城市大学出版社，2004年

《给孩子的诗词》 牛津大学出版社，2015年

《四季读诗》 香港天地图书有限公司，2021年5月

《知人论诗——叶嘉莹带你读唐诗》

香港天地图书有限公司，2021年8月

美国出版

Studies in Chinese Poetry（Co-Author）

Harvard University Press，1998

加拿大出版

《独陪明月看荷花——叶嘉莹诗词选译》

加拿大中侨互助会，2007年8月初版

俄罗斯出版

《人间词话七讲》俄文版

俄罗斯科学院科学出版集团东方文学出版社，2017年

英国出版

Seven Lectures on Wang Guowei's Renjian Cihua

Routledge，2019

后

记

叶嘉莹先生是中国古典诗词研究集大成者，一生致力于中华诗教传承。先生声华盖代、著述等身，而我也以忝列先生记名弟子为荣。近年来，寒斋开始收藏先生著作版本，求一窥先生学术之全貌，研读之余，不禁感慨先生"书生报国成何计""满园桃李正新栽"之薪火弦歌。几年来，对叶先生的著述几乎都有囫囵吞枣式的翻阅，也撰写了不少文字，对著作内容作以简要介绍，对版本源流略加辨析，同时也整理了相关著作的书影。在此期间，王陈路编辑曾为我编印了一本《叶嘉莹先生著述版本经眼图录》，这一图录也呈请叶先生和诸好友阅正。后有友人建议，这些内容似可充实规范并正式出版，对了解叶先生的著作与学术当有所益处。因此，就有了这本小书的面世，"极知僭逾，无所逃罪"。本书所评介之图书除个别为迦陵学舍提供参阅外，均为编者自藏，故个别稀见版本之书影未能收录其中，不免有沧海遗珠之憾。

这本小书的编写得到了很多师友的关心。叶先生年近百岁仍赐序题词，并亲自审定了全书，是对后学莫大的

关心与鼓舞，让我倍感殊荣。蒙可延涛兄、闫晓铮兄允许，书后附有二位所编《叶嘉莹著作版本目录》，便于了解先生著作出版之整体情况。同时，可、闫二位兄长对许多提要文字进行了审核修改，以更接近先生著述之本意。特别要感谢的是，江苏人民出版社对社会效益高度重视，愿意出版这本近于学术著作的小书，康海源编辑独到精微之编排、周严细密之审校，让本书得以焕然一新之面貌与读者见面。书成之际，对各位师友的支持深表谢意。

叶先生曾获颁"感动中国 2020 年度人物"，组委会给叶先生的颁奖词是："桃李天下，传承一家。你发掘诗歌的秘密，人们感发于你的传奇。转蓬万里，情牵华夏，续易安灯火，得唐宋薪传，继静安绝学，贯中西文脉。你是诗词的女儿，你是风雅的先生。"中华古典诗歌是我们民族最可宝贵的精神财富，是我们文化自信的深厚基础。诚如叶先生在序言中所说，"希望有更多人学习诗词、热爱诗词甚至吟诵诗词、创作诗词，让我们的诗词文化代有传承、发扬光大"。这本小书如能为此添一砖、加一瓦，当甚为欣慰。